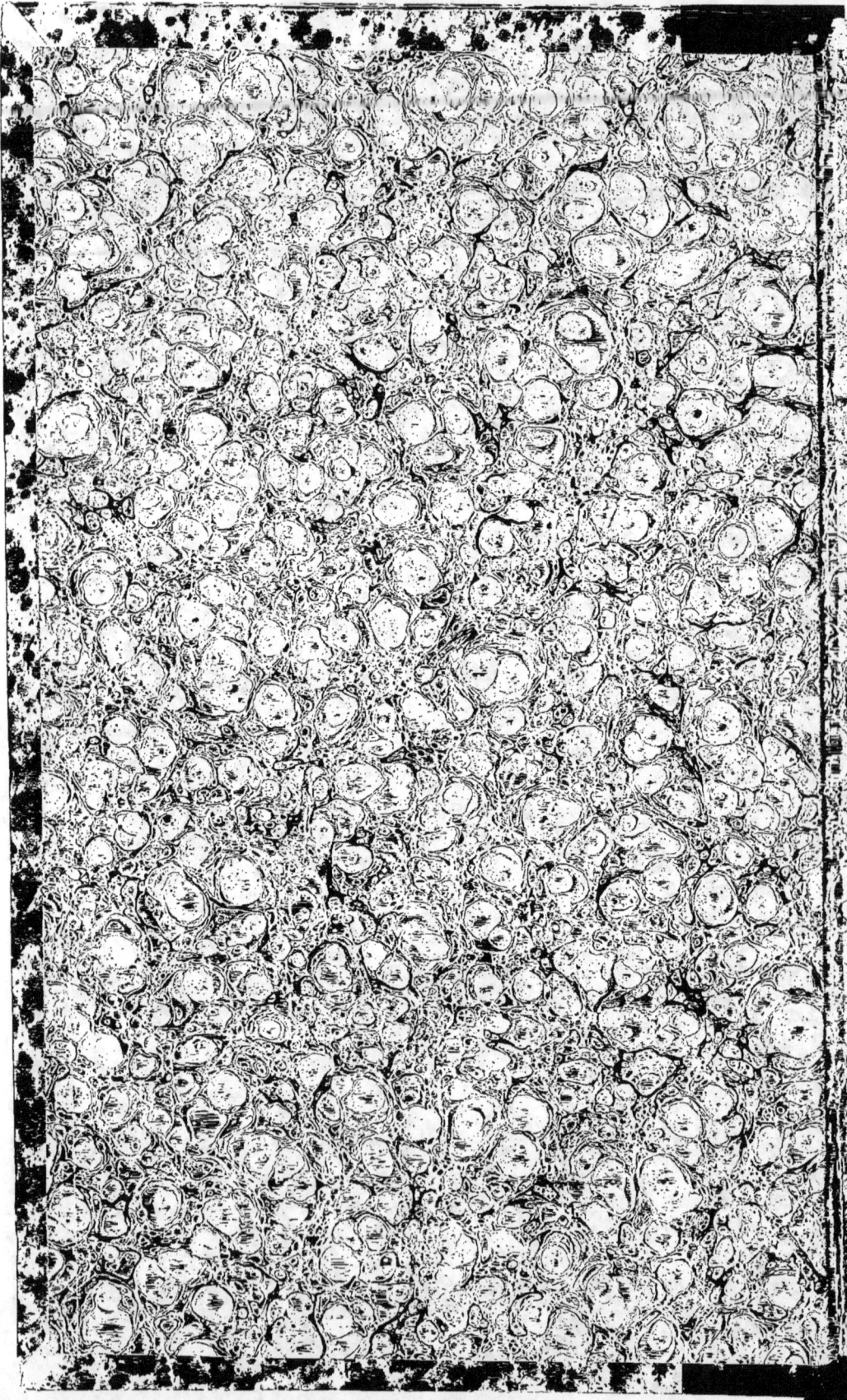

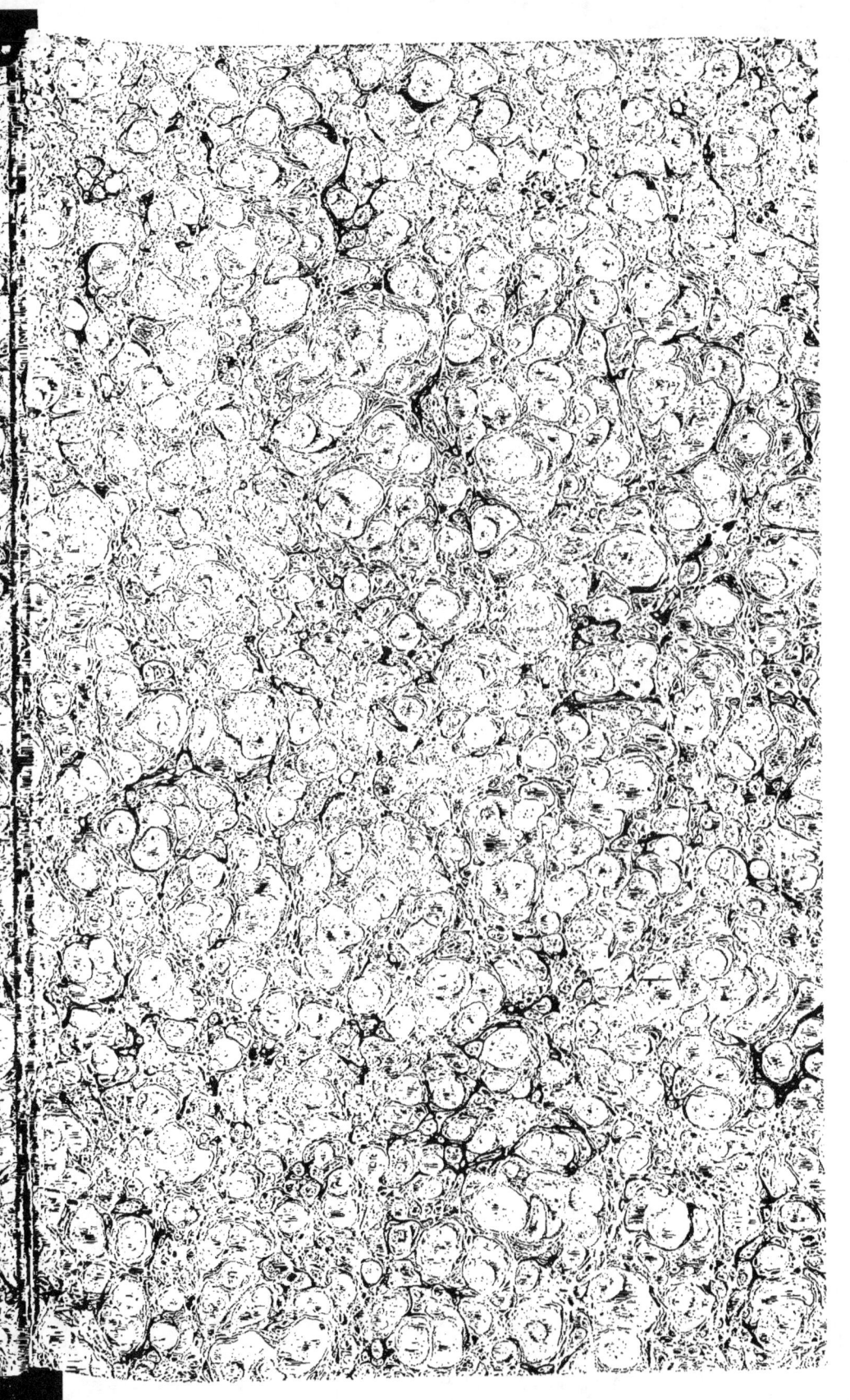

OEUVRES
COMPLÈTES
DE
VICTOR HUGO.

POÉSIE.

PARIS. IMPRIMÉ PAR BÉTHUNE ET PLON.

OEUVRES
COMPLÈTES
DE
VICTOR HUGO.
POÉSIE.

VII

LES RAYONS ET LES OMBRES.

PARIS.
DELLOYE, LIBRAIRE,
PLACE DE LA BOURSE, 13.
1840.

Un poète a écrit le *Paradis perdu*; un autre poète a écrit *les Ténèbres*.

Entre Eden et les Ténèbres il y a le monde; entre le commencement et la fin il y a la vie; entre le premier homme et le dernier homme il y a l'homme.

L'homme existe de deux façons : selon la société et selon la nature. Dieu met en lui la passion ; la société y met l'action ; la nature y met la rêverie.

II

De la passion combinée avec l'action, c'est-à-dire, de la vie dans le présent et de l'histoire dans le passé, naît le drame. De la passion mêlée à la rêverie naît la poésie proprement dite.

Quand la peinture du passé descend jusqu'aux détails de la science, quand la peinture de la vie descend jusqu'aux finesses de l'analyse, le drame devient roman. Le roman n'est autre chose que le drame développé en dehors des proportions du théâtre, tantôt par la pensée, tantôt par le cœur.

Du reste, il y a du drame dans la poésie, et il y a de la poésie dans le drame. Le drame et la poésie se pénètrent comme toutes les facultés dans l'homme, comme tous les rayonnements dans l'univers. L'action a des moments de rêverie; Macbeth dit : *Le martinet chante sur la tour.* Le Cid dit : *Cette pâle clarté qui tombe des étoiles.* Scapin dit : *Le ciel s'est déguisé ce soir en scaramouche.* Nul ne se dérobe dans ce monde au ciel bleu, aux arbres verts, à la nuit sombre, au bruit du vent, au chant des oiseaux. Aucune créature ne peut s'abstraire de la création.

De son côté, la rêverie a des minutes d'action. L'idylle à Gallus est pathétique comme un cinquième acte; le quatrième livre de l'Énéide est une tragédie; il y a une ode d'Horace qui est devenue une comédie de Molière. *Donec gratus eram tibi*, c'est *le Dépit amoureux*.

Tout se tient, tout est complet, tout s'accouple et se féconde par l'accouplement. La société se meut dans la nature; la nature enveloppe la société.

L'un des deux yeux du poète est pour l'humanité, l'autre pour la nature. Le premier de ces yeux s'appelle l'observation, le second s'appelle l'imagination.

De ce double regard toujours fixé sur son double objet naît, au fond du cerveau du poète, cette inspiration une et multiple, simple et complexe, qu'on nomme le génie.

Déclarons-le bien vite et dès à présent, dans tout ce qu'on vient de lire, comme dans tout ce qu'on va lire encore, l'auteur de ce livre, et cela devrait aller sans dire, est aussi loin de songer à lui-même qu'aucun de ses lecteurs. L'humble et grave artiste doit avoir le droit d'expliquer l'art, tête nue et l'œil baissé. Si obscur et si insuffisant qu'il soit, on ne peut lui interdire, en présence des pures et éternelles conditions de la gloire, cette contemplation qui est sa vie. L'homme respire, l'artiste aspire. Et d'ailleurs, quel est le pauvre pâtre, enivré de fleurs et ébloui d'étoiles, qui ne s'est écrié, au moins une fois en sa vie, en laissant tremper ses pieds nus dans le ruisseau où boivent ses brebis : — Je voudrais être empereur !

Maintenant continuons.

Des choses immortelles ont été faites de nos

jours par de grands et nobles poètes, personnellement et directement mêlés aux agitations quotidiennes de la vie politique. Mais, à notre sens, un poète complet, que le hasard ou sa volonté aurait mis à l'écart, du moins pour le temps qui lui serait nécessaire, et préservé, pendant ce temps, de tout contact immédiat avec les gouvernements et les partis, pourrait faire, aussi lui, une grande œuvre.

Nul engagement, nulle chaîne. La liberté serait dans ses idées comme dans ses actions. Il serait libre dans sa bienveillance pour ceux qui travaillent, dans son aversion pour ceux qui nuisent, dans son amour pour ceux qui servent, dans sa pitié pour ceux qui souffrent. Il serait libre de barrer le chemin à tous les mensonges, de quelque part ou de quelque parti qu'ils vinssent; libre de s'atteler aux principes embourbés dans les intérêts; libre de se pencher sur toutes les misères; libre de s'agenouiller devant tous les dévoûments. Aucune haine contre le roi dans son affection pour le peuple ; aucune injure pour les dynasties régnantes dans ses consolations aux dynasties tombées ; aucun outrage aux races mortes dans sa sympathie pour les rois de l'avenir. Il vivrait dans la nature, il habiterait avec la société. Suivant son inspiration, sans autre but que de penser et de faire penser, avec un cœur plein d'effusion, avec un regard rempli de paix, il irait voir en ami, à son heure, le printemps dans la prairie, le prince dans son Louvre, le proscrit dans sa prison. Lorsqu'il blâmerait çà et là une loi dans les codes humains, on saurait qu'il passe les nuits et les jours à étudier dans les choses éternelles le texte des codes divins. Rien ne le troublerait dans sa profonde et austère contemplation ; ni le passage bruyant des événements publics, car il se les assimilerait et en ferait entrer la signification dans son œuvre ; ni le voisinage accidentel de quelque grande douleur privée, car l'habitude de penser donne la facilité de consoler; ni même la commotion intérieure de ses propres souffrances personnelles, car à travers ce qui se déchire en nous on entrevoit Dieu, et quand il aurait pleuré, il méditerait.

Dans ses drames, vers et prose, pièces et romans, il mettrait l'histoire et l'invention, la vie des peuples et la vie des individus, le haut enseignement des crimes royaux comme dans la tragédie antique, l'utile peinture des vices populaires comme dans la vieille comédie. Voilant à dessein les exceptions honteuses, il inspirerait la vénération pour la vieillesse, en montrant la vieillesse toujours grande; la compassion pour la femme, en montrant la femme toujours faible; le culte des affections naturelles, en montrant qu'il y a toujours, et dans tous les cas, quelque chose de sacré, de divin et de vertueux dans les deux grands sentiments sur lesquels le monde repose depuis Adam et Ève, la paternité, la maternité. Enfin, il relèverait partout la dignité de la créature humaine en faisant voir qu'au fond de tout homme, si désespéré et si perdu qu'il soit, Dieu a mis une étincelle qu'un souffle d'en haut peut toujours raviver, que la cendre ne cache point, que la fange même n'éteint pas, — l'âme.

Dans ses poëmes il mettrait les conseils au temps présent, les esquisses rêveuses de l'avenir; le reflet, tantôt éblouissant, tantôt sinistre, des événements contemporains; les panthéons, les tombeaux, les ruines, les souvenirs; la charité pour les pauvres, la tendresse pour les misérables; les saisons, le soleil, les champs, la mer, les montagnes; les coups-d'œil furtifs dans le sanctuaire de l'âme où l'on aperçoit sur un autel mystérieux, comme par la porte entr'ouverte d'une chapelle, toutes ces belles urnes d'or, la foi, l'espérance, la poésie, l'amour; enfin il y mettrait cette profonde peinture du Moi qui est peut-être l'œuvre la plus large, la plus générale et la plus universelle qu'un penseur puisse faire.

Comme tous les poètes qui méditent et qui superposent constamment leur esprit à l'univers, il laisserait rayonner, à travers toutes ses créations, poèmes ou drames, la splendeur de la création de Dieu. On entendrait les oiseaux chanter dans ses tragédies; on verrait l'homme souffrir dans ses paysages. Rien de plus divers en apparence que ses poèmes; au fond rien de plus un et de plus cohérent. Son œuvre, prise dans sa synthèse, ressemblerait à la terre; des productions de toute sorte, une seule idée première pour toutes les conceptions; des fleurs de toute espèce, une même sève pour toutes les racines.

Il aurait le culte de la conscience comme Juvénal, lequel sentait jour et nuit « un témoin en lui-même », *nocte dieque sum gestare in pectore testem;* le culte de la pensée comme Dante qui nomme les damnés « ceux qui ne pensent plus », *le genle dolorose ch'anno perduto il ben del intelletto;* le culte de la nature comme saint Augustin qui, sans crainte d'être déclaré panthéiste, appelle le ciel « une créature intelligente », *cœlum cœli creatura est aliqua intellectualis.*

Et ce que ferait ainsi, dans l'ensemble de son œuvre, avec tous ses drames, avec toutes ses poésies, avec toutes ses pensées amoncelées, ce poète, ce philosophe, cet esprit, ce serait, disons-le ici, la grande épopée mystérieuse dont nous avons tous chacun un chant en nous-même, dont Milton a écrit le prologue et Byron l'épilogue : le Poème de l'Homme.

Cette vie imposante de l'artiste civilisateur, ce vaste travail de philosophie et d'harmonie, cet idéal du poème et du poète, tout penseur a le droit de se les proposer comme but, comme ambition, comme principe et comme fin. L'auteur l'a déjà dit ailleurs, et plus d'une fois, il est un de ceux qui tentent, et qui tentent avec persévérance, conscience et loyauté. Rien de plus. Il ne laisse pas aller au hasard ce qu'on veut bien appeler son inspiration. Il se tourne constamment vers l'homme, vers la nature ou vers Dieu. A chaque ouvrage nouveau qu'il met au jour, il soulève un coin du voile qui cache sa pensée; et déjà peut-être les esprits attentifs aperçoivent-ils quelque unité dans cette collection d'œuvres au premier aspect isolées et divergentes.

L'auteur pense que tout poète véritable, indépendamment des pensées qui lui viennent de son organisation propre et des pensées qui lui viennent de la vérité éternelle, doit contenir la somme des idées de son temps.

Quant à cette poésie qu'il publie aujourd'hui, il en parlera peu. Ce qu'il voudrait qu'elle fût, il vient de le dire dans les pages qui précèdent; ce qu'elle est, le lecteur l'appréciera.

On trouvera dans ce volume, à quelques nuances près, la même manière de voir les faits et les hommes que dans les trois volumes de poésie qui le précèdent immédiatement et qui appartiennent à la seconde période de la pensée de l'auteur, publiés l'un en 1831, l'autre en 1835 et le dernier en 1837. Ce livre les continue. Seulement dans *les Rayons et les Ombres*, peut-être l'horizon est-il plus élargi, le ciel plus bleu, le calme plus profond.

Plusieurs pièces de ce volume montreront au lecteur que l'auteur n'est pas infidèle à la mission qu'il s'était assignée à lui-même dans le prélude des *Voix intérieures* :

> Pierre à pierre, en songeant aux croyances éteintes,
> Sous la société qui tremble à tous les vents
> Le penseur reconstruit ces deux colonnes saintes :
> Le respect des vieillards et l'amour des enfants.

Pour ce qui est des questions de style et de forme, il n'en parlera point. Les personnes qui veulent bien lire ce qu'il écrit savent depuis longtemps que s'il admet quelquefois, en de certains cas, le vague et le demi-jour dans la pensée, il les

XIII

admet plus rarement dans l'expression. Sans méconnaître la grande poésie du nord représentée en France même par d'admirables poètes, il a toujours eu un goût vif pour la forme méridionale et précise. Il aime le soleil. La Bible est son livre. Virgile et Dante sont ses divins maîtres. Toute son enfance, à lui poète, n'a été qu'une longue rêverie mêlée d'études exactes. C'est cette enfance qui a fait son esprit ce qu'il est. Il n'y a d'ailleurs aucune incompatibilité entre l'exact et le poétique. Le nombre est dans l'art comme dans la science. L'algèbre est dans l'astronomie, et l'astronomie touche à la poésie; l'algèbre est dans la musique, et la musique touche à la poésie.

L'esprit de l'homme a trois clefs qui ouvrent tout : le chiffre, la lettre, la note.

Savoir, penser, rêver. Tout est là.

4 mai 1840.

LES RAYONS
ET
LES OMBRES.

FONCTION DU POÈTE.

FONCTION DU POÈTE.

I

Pourquoi t'exiler, ô poète,
Dans la foule où nous te voyons?
Que sont pour ton âme inquiète
Les partis, chaos sans rayons?
Dans leur atmosphère souillée
Meurt ta poésie effeuillée ;

Leur souffle égare ton encens.
Ton cœur, dans leurs luttes serviles,
Est comme ces gazons des villes
Rongés par les pieds des passants.

Dans les brumeuses capitales
N'entends-tu pas avec effroi,
Comme deux puissances fatales,
Se heurter le peuple et le roi?
De ces haines que tout réveille
A quoi bon emplir ton oreille,
O poète, ô maître, ô semeur!
Tout entier au Dieu que tu nommes,
Ne te mêle pas à ces hommes
Qui vivent dans une rumeur!

Va résonner, âme épurée,
Dans le pacifique concert!

ET LES OMBRES.

Va t'épanouir, fleur sacrée,
Sous les larges cieux du désert !
O rêveur, cherche les retraites,
Les abris, les grottes discrètes,
Et l'oubli pour trouver l'amour,
Et le silence, afin d'entendre
La voix d'en haut, sévère et tendre,
Et l'ombre, afin de voir le jour !

Va dans les bois ! va sur les plages !
Compose tes chants inspirés
Avec la chanson des feuillages
Et l'hymne des flots azurés !
Dieu t'attend dans les solitudes ;
Dieu n'est pas dans les multitudes ;
L'homme est petit, ingrat et vain,
Dans les champs tout vibre et soupire.
La nature est la grande lyre,
Le poète est l'archet divin !

Sors de nos tempêtes, ô sage!
Que pour toi l'empire en travail,
Qui fait son périlleux passage
Sans boussole et sans gouvernail,
Soit comme un vaisseau qu'en décembre
Le pêcheur, du fond de sa chambre
Où pendent ses filets séchés,
Entend la nuit passer dans l'ombre
Avec un bruit sinistre et sombre
De mâts frissonnants et penchés!

II

— Hélas! hélas! dit le poète,
J'ai l'amour des eaux et des bois;

Ma meilleure pensée est faite
De ce que murmure leur voix.
La création est sans haine.
Là, point d'obstacle et point de chaîne;
Les prés, les monts sont bienfaisants;
Les soleils m'expliquent les roses;
Dans la sérénité des choses
Mon âme rayonne en tous sens.

Je vous aime, ô sainte nature!
Je voudrais m'absorber en vous;
Mais, dans ce siècle d'aventure,
Chacun, hélas! se doit à tous!
Toute pensée est une force.
Dieu fit la sève pour l'écorce,
Pour l'oiseau les rameaux fleuris,
Le ruisseau pour l'herbe des plaines,
Pour les bouches les coupes pleines,
Et le penseur pour les esprits!

Dieu le veut, dans les temps contraires,
Chacun travaille et chacun sert.
Malheur à qui dit à ses frères :
Je retourne dans le désert !
Malheur à qui prend ses sandales
Quand les haines et les scandales
Tourmentent le peuple agité !
Honte au penseur qui se mutile
Et s'en va, chanteur inutile,
Par la porte de la cité !

Le poète en des jours impies
Vient préparer des jours meilleurs.
Il est l'homme des utopies ;
Les pieds ici, les yeux ailleurs.
C'est lui qui sur toutes les têtes,
En tout temps, pareil aux prophètes,
Dans sa main, où tout peut tenir,
Doit, qu'on l'insulte ou qu'on le loue,

Comme une torche qu'il secoue,
Faire flamboyer l'avenir !

Il voit, quand les peuples végètent !
Ses rêves, toujours pleins d'amour,
Sont faits des ombres que lui jettent
Les choses qui seront un jour.
On le raille. Qu'importe ? il pense.
Plus d'une âme inscrit en silence
Ce que la foule n'entend pas.
Il plaint ses contempteurs frivoles ;
Et maint faux sage à ses paroles
Rit tout haut et songe tout bas !

Foule qui répands sur nos rêves
Le doute et l'ironie à flots,
Comme l'océan sur les grèves
Répand son râle et ses sanglots,
L'idée auguste qui t'égaie
A cette heure encore bégaie ;
Mais de la vie elle a le sceau !
Ève contient la race humaine,
Un œuf l'aiglon, un gland le chêne !
Une utopie est un berceau !

De ce berceau, quand viendra l'heure,
Vous verrez sortir, éblouis,

Une société meilleure
Pour des cœurs mieux épanouis,
Le devoir que le droit enfante,
L'ordre saint, la foi triomphante,
Et les mœurs, ce groupe mouvant
Qui toujours, joyeux ou morose,
Sur ses pas sème quelque chose
Que la loi récolte en rêvant!

Mais pour couver ces puissants germes,
Il faut tous les cœurs inspirés,
Tous les cœurs purs, tous les cœurs fermes,
De rayons divins pénétrés.
Sans matelots la nef chavire;
Et, comme aux deux flancs d'un navire,
Il faut que Dieu, de tous compris,
Pour fendre la foule insensée,
Aux deux côtés de sa pensée
Fasse ramer de grands esprits!

Loin de vous, saintes théories,
Codes promis à l'avenir,
Ce rhéteur aux lèvres flétries,
Sans espoir et sans souvenir,
Qui jadis suivait votre étoile,
Mais qui depuis, jetant le voile
Où s'abrite l'illusion,
A laissé violer son âme
Par tout ce qu'ont de plus infâme
L'avarice et l'ambition !

Géant d'orgueil à l'âme naine,
Dissipateur du vrai trésor,

Qui, repu de science humaine,
A voulu se repaître d'or,
Et, portant des valets au maître
Son faux sourire d'ancien prêtre
Qui vendit sa divinité,
S'enivre, à l'heure où d'autres pensent,
Dans cette orgie impure où dansent
Les abus au rire effronté !

Loin ces scribes au cœur sordide,
Qui dans l'ombre ont dit sans effroi
A la corruption splendide :
Courtisane, caresse-moi !
Et qui parfois, dans leur ivresse,
Du temple où rêva leur jeunesse
Osent reprendre les chemins,
Et, leurs faces encor fardées,
Approcher les chastes idées,
L'odeur de la débauche aux mains !

Loin ces docteurs dont se défie
Le sage, sévère à regret!
Qui font de la philosophie
Une échoppe à leur intérêt!
Marchands vils qu'une église abrite!
Qu'on voit, noire engeance hypocrite,
De sacs d'or gonfler leur manteau,
Troubler le prêtre qui contemple,
Et sur les colonnes du temple
Clouer leur immonde écriteau!

Loin de vous ces jeunes infâmes
Dont les jours, comptés par la nuit,
Se passent à flétrir des femmes
Que la faim aux antres conduit!
Lâches à qui, dans leur délire,
Une voix secrète doit dire :
Cette femme que l'or salit,
Que souille l'orgie où tu tombes,

N'eut à choisir qu'entre deux tombes :
La morgue hideuse ou ton lit !

Loin de vous les vaines colères
Qui s'agitent au carrefour !
Loin de vous ces chats populaires
Qui seront tigres quelque jour !
Les flatteurs de peuple ou de trône !
L'égoïste qui de sa zône
Se fait le centre et le milieu !
Et tous ceux qui, tisons sans flamme,
N'ont pas dans leur poitrine une âme,
Et n'ont pas dans leur âme un Dieu !

Si nous n'avions que de tels hommes,
Juste Dieu ! comme avec douleur
Le poëte au siècle où nous sommes
Irait criant : Malheur ! malheur !
On le verrait voiler sa face ;
Et pleurant le jour qui s'efface,
Debout au seuil de sa maison,
Devant la nuit prête à descendre,
Sinistre, jeter de la cendre
Aux quatre points de l'horizon !

Tels que l'autour dans les nuées,
On entendrait rire, vainqueurs,

Les noirs poètes des huées,
Les Aristophanes moqueurs.
Pour flétrir nos hontes sans nombre,
Pétrone, réveillé dans l'ombre,
Saisirait son stylet romain.
Autour de notre infâme époque
L'iambe boiteux d'Archiloque
Bondirait, le fouet à la main !

Mais Dieu jamais ne se retire !
Non ! jamais, par les monts caché,
Ce soleil, vers qui tout aspire,
Ne s'est complètement couché !
Toujours, pour les mornes vallées,
Pour les âmes d'ombre aveuglées,
Pour les cœurs que l'orgueil corrompt,
Il laisse, au-dessus de l'abîme,
Quelques rayons sur une cime,
Quelques vérités sur un front !

Courage donc! esprits, pensées,
Cerveaux d'anxiétés rongés,
Cœurs malades, âmes blessées,
Vous qui priez, vous qui songez!

O générations! courage!
Vous qui venez comme à regret,
Avec le bruit que fait l'orage
Dans les arbres de la forêt!

Douteurs errant sans but ni trêve,
Qui croyez, étendant la main,

ET LES OMBRES.

Voir les formes de votre rêve
Dans les ténèbres du chemin !

Philosophes dont l'esprit souffre,
Et qui, pleins d'un effroi divin,
Vous cramponnez au bord du gouffre,
Pendus aux ronces du ravin !

Naufragés de tous les systèmes,
Qui de ce flot triste et vainqueur
Sortez tremblants, et de vous-mêmes
N'avez sauvé que votre cœur !

Sages qui voyez l'aube éclore
Tous les matins parmi les fleurs,
Et qui revenez de l'aurore,
Trempés de célestes lueurs !

Lutteurs qui pour laver vos membres
Avant le jour êtes debout!
Rêveurs qui rêvez dans vos chambres,
L'œil perdu dans l'ombre de tout!

Vous, hommes de persévérance,
Qui voulez toujours le bonheur,
Et tenez encor l'espérance,
Ce pan du manteau du Seigneur!

Chercheurs qu'une lampe accompagne!
Pasteurs armés de l'aiguillon!
Courage à tous sur la montagne!
Courage à tous dans le vallon!

Pourvu que chacun de vous suive
Un sentier ou bien un sillon;

Que, flot sombre, il ait Dieu pour rive,
Et, nuage, pour aquilon;

Pourvu qu'il ait sa foi qu'il garde,
Et qu'en sa joie ou sa douleur
Parfois doucement il regarde
Un enfant, un astre, une fleur;

Pourvu qu'il sente, esclave ou libre,
Tenant à tous par un côté,
Vibrer en lui par quelque fibre
L'universelle humanité;

Courage! — Dans l'ombre et l'écume
Le but apparaîtra bientôt !
Le genre humain dans une brume,
C'est l'énigme et non pas le mot !

Assez de nuit et de tempête
A passé sur vos fronts penchés.
Levez les yeux ! levez la tête !
La lumière est là-haut ! marchez !

Peuples! écoutez le poète!
Écoutez le rêveur sacré!
Dans votre nuit, sans lui complète,
Lui seul a le front éclairé!
Des temps futurs perçant les ombres,
Lui seul distingue en leurs flancs sombres
Le germe qui n'est pas éclos.
Homme, il est doux comme une femme.
Dieu parle à voix basse à son âme
Comme aux forêts et comme aux flots!

C'est lui qui, malgré les épines,
L'envie et la dérision,
Marche courbé dans vos ruines,
Ramassant la tradition.
De la tradition féconde
Sort tout ce qui couvre le monde,
Tout ce que le ciel peut bénir.
Toute idée, humaine ou divine,
Qui prend le passé pour racine
A pour feuillage l'avenir.

Il rayonne! il jette sa flamme
Sur l'éternelle vérité!
Il la fait resplendir pour l'âme
D'une merveilleuse clarté!
Il inonde de sa lumière
Ville et déserts, Louvre et chaumière,
Et les plaines et les hauteurs ;

A tous d'en haut il la dévoile ;
Car la poésie est l'étoile
Qui mène à Dieu rois et pasteurs !

Avril 1839.

II

LE SEPT AOUT
MIL HUIT CENT VINGT-NEUF.

LE 7 AOUT 1829.

C'était le sept août. O sombre destinée !
C'était le premier jour de leur dernière année.

Seuls dans un lieu royal, côte à côte marchant,
Deux hommes, par endroits du coude se touchant,
Causaient. Grand souvenir qui dans mon cœur se grave !

Le premier avait l'air fatigué, triste et grave,
Comme un trop faible front qui porte un lourd projet.
Une double épaulette à couronne chargeait
Son uniforme vert à gance purpurine,
Et l'ordre et la Toison faisaient sur sa poitrine,
Près du large cordon moiré de bleu changeant,
Deux foyers lumineux, l'un d'or, l'autre d'argent.
C'était un roi ; vieillard à la tête blanchie,
Penché du poids des ans et de la monarchie.
L'autre était un jeune homme étranger chez les rois,
Un poète, un passant, une inutile voix.

Ils se parlaient tous deux, sans témoin, sans mystère,
Dans un grand cabinet, simple, nu, solitaire,
Majestueux pourtant. Ce que les hommes font
Laisse une empreinte aux murs. Sous ce même plafond
Avaient passé jadis, ô splendeurs effacées !
De grands événements et de grandes pensées.
Là, derrière son dos croisant ses fortes mains,

Ébranlant le plancher sous ses pas surhumains,
Bien souvent l'Empereur, quand il était le maître,
De la porte en rêvant allait à la fenêtre.

Dans un coin, une table, un fauteuil de velours
Miraient dans le parquet leurs pieds dorés et lourds.
Par une porte en vitre, au dehors, l'œil en foule
Apercevait au loin des armoires de Boule,
Des vases du Japon, des laques, des émaux,
Et des chandeliers d'or aux immenses rameaux.
Un salon rouge orné de glaces de Venise,
Plein de ces bronzes grecs que l'esprit divinise,
Multipliait sans fin ses lustres de cristal;
Et, comme une statue à lames de métal,
On voyait, casque au front, luire dans l'encoignure
Un garde argent et bleu d'une fière tournure.

Or entre le poëte et le vieux roi courbé,
De quoi s'agissait-il?

                    D'un pauvre ange tombé
Dont l'amour refaisait l'âme avec son haleine ;
De Marion, lavée ainsi que Madeleine,
Qui boitait et traînait son pas estropié,
La censure, serpent, l'ayant mordue au pied.

Le poète voulait faire un soir apparaître
Louis treize, ce roi sur qui régnait un prêtre ;
— Tout un siècle, marquis, bourreaux, fous, bateleurs ; —
Et que la foule vînt, et qu'à travers des pleurs,
Par moments, dans un drame étincelant et sombre,
Du pâle cardinal on crût voir passer l'ombre.

Le vieillard hésitait : — Que sert de mettre à nu
Louis treize, ce roi chétif et mal venu ?
A quoi bon remuer un mort dans une tombe ?
Que veut-on ? où court-on ? sait-on bien où l'on tombe ?

Tout n'est-il pas déjà croulant de tout côté ?
Tout ne s'en va-t-il pas dans trop de liberté ?
N'est-il pas temps plutôt, après quinze ans d'épreuve,
De relever la digue et d'arrêter le fleuve ?
Certe, un roi peut reprendre alors qu'il a donné.
Quant au théâtre, il faut, le trône étant miné,
Étouffer des deux mains sa flamme trop hardie ;
Car la foule est le peuple, et d'une comédie
Peut jaillir l'étincelle aux livides rayons
Qui met le feu dans l'ombre aux révolutions.
Puis il niait l'histoire, et, quoi qu'il en puisse être,
A ce jeune rêveur disputait son ancêtre ;
L'accueillant bien d'ailleurs, bon, royal, gracieux,
Et le questionnant sur ses propres aïeux.

Tout en laissant aux rois les noms dont on les nomme,
Le poëte luttait fermement, comme un homme
Épris de liberté, passionné pour l'art,
Respectueux pourtant pour ce noble vieillard.

Il disait : — Tout est grave en ce siècle où tout penche.
L'art, tranquille et puissant, veut une allure franche.
Les rois morts sont sa proie; il faut la lui laisser.
Il n'est pas ennemi, pourquoi le courroucer,
Et le livrer dans l'ombre à des tortionnaires,
Lui dont la main fermée est pleine de tonnerres ?
Cette main, s'il l'ouvrait, redoutable envoyé,
Sur la France éblouie et le Louvre effrayé,
On s'épouvanterait, — trop tard, s'il faut le dire, —
D'y voir subitement tant de foudres reluire !
Oh! les tyrans d'en bas nuisent au roi d'en haut.
Le peuple est toujours là qui prend la muse au mot,
Quand l'indignation, jusqu'au roi qu'on révère,
Monte du front pensif de l'artiste sévère !
— Sire, à ce qui chancelle est-on bien appuyé ?
La censure est un toit mauvais, mal étayé,
Toujours prêt à tomber sur les noms qu'il abrite.
Sire, un souffle imprudent, loin de l'éteindre, irrite
Le foyer, tout-à-coup terrible et tournoyant,
Et d'un art lumineux fait un art flamboyant ! —

D'ailleurs, ne cherchât-on que la splendeur royale,
Pour cette nation moqueuse, mais loyale,
Au lieu des grands tableaux qu'offrait le grand Louis,
Roi-soleil, fécondant les lys épanouis,
Qui, tenant sous son sceptre un monde en équilibre,
Faisait Racine heureux, laissait Molière libre ;
Quel spectacle, grand Dieu! qu'un groupe de censeurs,
Armés et parlant bas, vils esclaves chasseurs,
A plat ventre couchés, épiant l'heure où rentre
Le drame, fier lion, dans l'histoire, son antre! —

Ici, voyant vers lui, d'un front plus incliné,
Se tourner doucement le vieillard étonné,
Il hasardait plus loin sa pensée inquiète,
Et, laissant de côté le drame et le poète,
Attentif, il sondait le dessein vaste et noir
Qu'au fond de ce roi triste il venait d'entrevoir.
Se pourrait-il? quelqu'un aurait cette espérance?
Briser le droit de tous! Retrancher à la France,

Comme on ôte un jouet à l'enfant dépité,
De l'air, de la lumière, et de la liberté!
Le roi ne voudrait pas! lui, roi sage et roi juste!

Puis, choisissant les mots pour cette oreille auguste,
Il disait que les temps ont des flots souverains;
Que rien, ni ponts hardis, ni canaux souterrains,
Jamais, excepté Dieu, rien n'arrête et ne dompte
Le peuple qui grandit ou l'océan qui monte;
Que le plus fort vaisseau sombre et se perd souvent
Qui veut rompre de front et la vague et le vent;
Et que, pour s'y briser, dans la lutte insensée,
On a derrière soi, roche partout dressée,
Tout son siècle, les mœurs, l'esprit qu'on veut braver,
Le port même où la nef aurait pu se sauver!
Il osait s'effrayer. Fils d'une Vendéenne,
Cœur n'ayant plus d'amour, mais n'ayant pas de haine,
Il suppliait qu'au moins on l'en crût un moment,
Lui qui sur le passé s'incline gravement,

Et dont la piété, lierre qui s'enracine,
Hélas! s'attache aux rois comme à toute ruine!
Le destin a parfois de formidables jeux ;
Les rois doivent songer dans ces jours orageux
Où, mer qui vient, esprit des temps, nuée obscure,
Derrière l'horizon quelque chose murmure!
A quoi bon provoquer d'avance, et soulever
Les générations qu'on entend arriver ?
Pour des regards distraits la France était sereine ;
Mais dans ce ciel troublé d'un peu de brume à peine,
Où tout semblait azur, où rien n'agitait l'air,
Lui, rêveur, il voyait par instants un éclair ! —

Charles-Dix souriant répondit : — O poète !

Le soir tout rayonnait de lumière et de fête.
Regorgeant de soldats, de princes, de valets,

Saint-Cloud joyeux et vert, autour du fier palais
Dont la Seine en fuyant reflète les beaux marbres,
Semblait avec amour presser sa touffe d'arbres.
L'arc de triomphe orné de victoires d'airain,
Le Louvre étincelant, fleurdelisé, serein,
Lui répondaient de loin du milieu de la ville ;
Tout ce royal ensemble avait un air tranquille,
Et, dans le calme aspect d'un repos solennel,
Je ne sais quoi de grand qui semblait éternel.

Holyrood! Holyrood! O fatale abbaye,
Où la loi du destin, dure, amère, obéie,

S'inscrit de tous côtés !
Cloître ! palais ! tombeau ! qui sous tes murs austères
Gardes les rois, la mort et Dieu ; trois grands mystères,
Trois sombres majestés !

Château découronné ! Vallée expiatoire !
Où le penseur entend dans l'air et dans l'histoire,
Comme un double conseil pour nos ambitions,
Comme une double voix qui se mêle et qui gronde,
La rumeur de la mer profonde,
Et le bruit éloigné des révolutions !

Solitude, où parfois des collines prochaines
On voit venir les faons qui foulent sous les chênes
Le gazon endormi,
Et qui, pour aspirer le vent dans la clairière,

Effarés, frissonnants, sur leurs pieds de derrière
    Se dressent à demi !

Fière église où priait le roi des temps antiques,
Grave, ayant pour pavé sous les arches gothiques
Les tombeaux paternels qu'il usait du genou !
Porte où superbement tant d'archers et de gardes
Veillaient, multipliant l'éclair des hallebardes,
Et qu'un pâtre aujourd'hui ferme avec un vieux clou !

Prairie, où quand la guerre agitait leurs rivages,
Les grands lords montagnards comptaient leurs clans sauvages
    Et leurs noirs bataillons ;
Où maintenant, sur l'herbe, au soleil, sous des lierres,
Les vieilles aux pieds nus qui marchent dans les pierres
    Font sécher des haillons !

Holyrood! Holyrood! la ronce est sur tes dalles.
Le chevreau broute au bas de tes tours féodales.
O fureur des rivaux ardents à se chercher!
Amours!—Darnley! Rizzio! quel néant est le vôtre!
  Tous deux sont là,—l'un près de l'autre;—
L'un est une ombre, et l'autre une tache au plancher!

Hélas! que de leçons sous tes voûtes funèbres!
Oh! que d'enseignements on lit dans les ténèbres
  Sur ton seuil renversé,
Sur tes murs, tout empreints d'une étrange fortune,
Vaguement éclairés de ce reflet de lune
  Que jette le passé!

O palais, sois béni! sois bénie, ô ruine!
Qu'une auguste auréole à jamais t'illumine!

Devant tes noirs créneaux, pieux, nous nous courbons,
Car le vieux roi de France a trouvé sous ton ombre
Cette hospitalité mélancolique et sombre
Qu'on reçoit et qu'on rend de Stuarts à Bourbons!

Juin 1839.

III

—

AU ROI
LOUIS-PHILIPPE.

AU ROI LOUIS PHILIPPE

APRÈS L'ARRÊT DE MORT PRONONCÉ LE 12 JUILLET 1839.

Par votre ange envolée ainsi qu'une colombe !
Par ce royal enfant, doux et frêle roseau !
Grâce encore une fois ! grâce au nom de la tombe !
Grâce au nom du berceau !

12 juillet. Minuit.

IV

REGARD
JETÉ DANS UNE MANSARDE.

REGARD JETÉ DANS UNE MANSARDE.

I

L'église est vaste et haute. A ses clochers superbes
L'ogive en fleur suspend ses trèfles et ses gerbes;
Son portail resplendit, de sa rose pourvu ;
Le soir fait fourmiller sous la voussure énorme
Anges, vierges, le ciel, l'enfer sombre et difforme,
Tout un monde effrayant comme un rêve entrevu.

Mais ce n'est pas l'église et ses voûtes sublimes,
Ses porches, ses vitraux, ses lueurs, ses abîmes,
Sa façade et ses tours, qui fascinent mes yeux;
Non; c'est, tout près, dans l'ombre où l'âme aime à descendre,
Cette chambre d'où sort un chant sonore et tendre,
Posée au bord d'un toit comme un oiseau joyeux.

Oui, l'édifice est beau, mais cette chambre est douce.
J'aime le chêne altier moins que le nid de mousse;
J'aime le vent des prés plus que l'âpre ouragan;
Mon cœur, quand il se perd sur les vagues béantes,
Préfère l'algue obscure aux falaises géantes,
Et l'heureuse hirondelle au splendide océan.

II

Frais réduit! à travers une claire feuillée
Sa fenêtre petite et comme émerveillée

S'épanouit auprès du gothique portail.
Sa verte jalousie à trois clous accrochée,
Par un bout s'échappant, par l'autre rattachée,
S'ouvre coquettement comme un grand éventail.

Au dehors un beau lys, qu'un prestige environne,
Emplit de sa racine et de sa fleur couronne,
—Tout près de la gouttière où dort un chat sournois,—
Un vase à forme étrange en porcelaine bleue
Où brille, avec des paons ouvrant leur large queue,
Ce beau pays d'azur que rêvent les Chinois.

Et dans l'intérieur, par moments luit et passe
Une ombre, une figure, une fée, une grâce,
Jeune fille du peuple au chant plein de bonheur,
Orpheline, dit-on, et seule en cet asile,
Mais qui parfois a l'air, tant son front est tranquille,
De voir distinctement la face du Seigneur.

On sent, rien qu'à la voir, sa dignité profonde.
De ce cœur sans limon nul vent n'a troublé l'onde.
Ce tendre oiseau qui jase ignore l'oiseleur.
L'aile du papillon a toute sa poussière.
L'âme de l'humble vierge a toute sa lumière.
La perle de l'aurore est encor dans la fleur.

A l'obscure mansarde il semble que l'œil voie
Aboutir doucement tout un monde de joie,
La place, les passants, les enfants, leurs ébats,
Les femmes sous l'église à pas lents disparues,
Les fronts épanouis par la chanson des rues,
Mille rayons d'en haut, mille reflets d'en bas.

Fille heureuse! autour d'elle ainsi qu'autour d'un temple
Tout est modeste et doux, tout donne un bon exemple.
L'abeille fait son miel, la fleur rit au ciel bleu,
La tour répand de l'ombre, et, devant la fenêtre,

Sans faute, chaque soir, pour obéir au maître,
L'astre allume humblement sa couronne de feu.

Sur son beau col, empreint de virginité pure,
Point d'altière dentelle ou de riche guipure ;
Mais un simple mouchoir noué pudiquement.
Pas de perle à son front, mais aussi pas de ride,
Mais un œil chaste et vif, mais un regard limpide.
Où brille le regard, que sert le diamant ?

III

L'angle de la cellule abrite un lit paisible.
Sur la table est ce livre où Dieu se fait visible,
La légende des saints, seul et vrai panthéon.
Et dans un coin obscur, près de la cheminée,

Entre la bonne Vierge et le buis de l'année,
Quatre épingles au mur fixent Napoléon.

Cet aigle en cette cage! — et pourquoi non? dans l'ombre
De cette chambre étroite et calme, où rien n'est sombre,
Où dort la belle enfant, douce comme son lys,
Où tant de paix, de grâce et de joie est versée,
Je ne hais pas d'entendre au fond de ma pensée
Le bruit des lourds canons roulant vers Austerlitz.

Et près de l'empereur devant qui tout s'incline,
— O légitime orgueil de la pauvre orpheline! —
Brille une croix-d'honneur, signe humble et triomphant,
Croix d'un soldat, tombé comme tout héros tombe,
Et qui, père endormi, fait, du fond de sa tombe,
Veiller un peu de gloire auprès de son enfant.

IV

Croix de Napoléon! joyau guerrier! pensée!
Couronne de laurier de rayons traversée!
Quand il menait ses preux aux combats acharnés,
Il la laissait, afin de conquérir la terre,
Pendre sur tous les fronts durant toute la guerre;
Puis, la grande œuvre faite, il leur disait : Venez !

Puis il donnait sa croix à ces hommes stoïques,
Et des larmes coulaient de leurs yeux héroïques;
Muets, ils adoraient leur demi-dieu vainqueur;
On eût dit qu'allumant leur âme avec son âme,
En touchant leur poitrine avec son doigt de flamme,
Il leur faisait jaillir cette étoile du cœur !

V

Le matin elle chante et puis elle travaille,
Sérieuse, les pieds sur sa chaise de paille,
Cousant, taillant, brodant quelques dessins choisis ;
Et tandis que, songeant à Dieu, simple et sans crainte,
Cette vierge accomplit sa tâche auguste et sainte,
Le silence rêveur à sa porte est assis.

Ainsi, Seigneur, vos mains couvrent cette demeure.
Dans cet asile obscur, qu'aucun souci n'effleure,
Rien qui ne soit sacré, rien qui ne soit charmant !
Cette âme, en vous priant pour ceux dont la nef sombre,
Peut monter chaque soir vers vous sans faire d'ombre
Dans la sérénité de votre firmament !

Nul danger! nul écueil!..—Si! l'aspic est dans l'herbe!
Hélas! hélas! le ver est dans le fruit superbe!
Pour troubler une vie il suffit d'un regard.
Le mal peut se montrer même aux clartés d'un cierge.
La curiosité qu'a l'esprit de la vierge
Fait une plaie au cœur de la femme plus tard.

Plein de ces chants honteux, dégoût de la mémoire,
Un vieux livre est là-haut sur une vieille armoire,
Par quelque vil passant dans cette ombre oublié;
Roman du dernier siècle! œuvre d'ignominie!
Voltaire alors régnait, ce singe de génie
Chez l'homme en mission par le diable envoyé.

VI

Époque qui gardas, de vin, de sang rougie,
Même en agonisant, l'allure de l'orgie !
O dix-huitième siècle, impie et châtié !
Société sans dieu, qui par Dieu fus frappée !
Qui, brisant sous la hache et le sceptre et l'épée,
Jeune, offensas l'amour, et vieille la pitié !

Table d'un long festin qu'un échafaud termine !
Monde, aveugle pour Christ, que Satan illumine !
Honte à tes écrivains devant les nations !
L'ombre de tes forfaits est dans leur renommée.
Comme d'une chaudière il sort une fumée,
Leur sombre gloire sort des révolutions !

VII

Frêle barque assoupie à quelques pas d'un gouffre !
Prends garde, enfant ! cœur tendre où rien encor ne souffre !
O pauvre fille d'Ève ! ô pauvre jeune esprit !
Voltaire, le serpent, le doute, l'ironie,
Voltaire est dans un coin de ta chambre bénie !
Avec son œil de flamme il t'espionne, et rit.

Oh ! tremble ! ce sophiste a sondé bien des fanges !
Oh ! tremble ! ce faux sage a perdu bien des anges !
Ce démon, noir milan, fond sur les cœurs pieux,
Et les brise, et souvent, sous ses griffes cruelles,
Plume à plume j'ai vu tomber ces blanches ailes
Qui font qu'une âme vole et s'enfuit dans les cieux !

Il compte de ton sein les battements sans nombre.
Le moindre mouvement de ton esprit dans l'ombre,
S'il penche un peu vers lui, fait resplendir son œil.
Et, comme un loup rôdant, comme un tigre qui guette,
Par moments, de Satan, visible au seul poète,
La tête monstrueuse apparaît à ton seuil!

VIII

Hélas! si ta main chaste ouvrait ce livre infâme,
Tu sentirais soudain Dieu mourir dans ton âme.
Ce soir tu pencherais ton front triste et boudeur
Pour voir passer au loin dans quelque verte allée
Les chars étincelants à la roue étoilée,
Et demain tu rirais de la sainte pudeur!

Ton lit, troublé la nuit de visions étranges,
Ferait fuir le sommeil, le plus craintif des anges!

Tu ne dormirais plus, tu ne chanterais plus ;
Et ton esprit, tombé dans l'océan des rêves,
Irait, déraciné comme l'herbe des grèves,
Du plaisir à l'opprobre et du flux au reflux !

IX

Oh! la croix de ton père est là qui te regarde !
La croix du vieux soldat mort dans la vieille garde !
Laisse-toi conseiller par elle, ange tenté !
Laisse-toi conseiller, guider, sauver peut-être
Par ce lys fraternel, penché sur ta fenêtre,
Qui mêle son parfum à ta virginité !

Par toute ombre qui passe en baissant la paupière !
Par les vieux saints rangés sous le portail de pierre !

Par la blanche colombe aux rapides adieux !
Par l'orgue ardent dont l'hymne en longs sanglots se brise !
Laisse-toi conseiller par la pensive église !
Laisse-toi conseiller par le ciel radieux !

Laisse-toi conseiller par l'aiguille ouvrière,
Présente à ton labeur, présente à ta prière,
Qui dit tout bas : Travaille ! — Oh ! crois-la ! — Dieu, vois-tu,
Fit naître du travail, que l'insensé repousse,
Deux filles : la vertu, qui fait la gaîté douce,
Et la gaîté, qui rend charmante la vertu !

Entends ces mille voix, d'amour accentuées,
Qui passent dans le vent, qui tombent des nuées,
Qui montent vaguement des seuils silencieux,
Que la rosée apporte avec ses chastes gouttes,
Que le chant des oiseaux te répète, et qui toutes
Te disent à la fois : sois pure sous les cieux !

Sois pure sous les cieux ! comme l'onde et l'aurore,
Comme le joyeux nid, comme la tour sonore,
Comme la gerbe blonde, amour du moissonneur,
Comme l'astre incliné, comme la fleur penchante,
Comme tout ce qui rit, comme tout ce qui chante,
Comme tout ce qui dort dans la paix du Seigneur !

Sois calme. Le repos va du cœur au visage ;
La tranquillité fait la majesté du sage.
Sois joyeuse. La foi vit sans l'austérité ;
Un des reflets du ciel, c'est le rire des femmes ;
La joie est la chaleur qui jette dans les âmes
Cette clarté d'en haut qu'on nomme Vérité.

La joie est pour l'esprit une riche ceinture.
La joie adoucit tout dans l'immense nature.
Dieu sur les vieilles tours pose le nid charmant
Et la broussaille en fleur qui luit dans l'herbe épaisse,

Car la ruine même autour de sa tristesse
A besoin de jeunesse et de rayonnement !

Sois bonne. La bonté contient les autres choses.
Le Seigneur indulgent sur qui tu te reposes
Compose de bonté le penseur fraternel.
La bonté, c'est le fond des natures augustes.
D'une seule vertu Dieu fait le cœur des justes,
Comme d'un seul saphir la coupole du ciel.

Ainsi, tu resteras, comme un lys, comme un cygne,
Blanche entre les fronts purs marqués d'un divin signe.
Et tu seras de ceux qui, sans peur, sans ennuis,
Des saintes actions amassant la richesse,
Rangent leur barque au port, leur vie à la sagesse,
Et, priant tous les soirs, dorment toutes les nuits !

LE POÈTE A LUI-MÊME.

Tandis que sur les bois, les prés et les charmilles
S'épanchent la lumière et la splendeur des cieux,
Toi, poète serein, répands sur les familles,
Répands sur les enfants et sur les jeunes filles,
Répands sur les vieillards ton chant religieux!

Montre du doigt la rive à tous ceux qu'une voile
Traîne sur le flot noir par les vents agité :
Aux vierges, l'innocence, heureuse et noble étoile;
A la foule, l'autel que l'impiété voile ;
Aux jeunes, l'avenir; aux vieux, l'éternité!

Fais filtrer ta raison dans l'homme et dans la femme.
Montre à chacun le vrai du côté saisissant.
Que tout penseur en toi trouve ce qu'il réclame.
Plonge Dieu dans les cœurs, et jette dans chaque âme
Un mot révélateur, propre à ce qu'elle sent.

Ainsi, sans bruit, dans l'ombre, ô songeur solitaire,
Ton esprit, d'où jaillit ton vers que Dieu bénit,
Du peuple sous tes pieds perce le crâne austère ; —
Comme un coin lent et sûr, dans les flancs de la terre,
La racine du chêne entr'ouvre le granit.

Juin 1839.

V

On croyait dans ces temps où le pâtre nocturne,
Loin dans l'air, au-dessus de son front taciturne,
Voyait parfois, témoin par l'ombre recouvert,
Dans un noir tourbillon de tonnerre et de pluie,
Passer rapidement la figure éblouie
D'un prophète emporté par l'Esprit au désert !

On croyait dans les jours du barde et du trouvère!
Quand tout un monde armé se ruait au Calvaire
    Pour délivrer la croix,
Et pour voir le lac sombre où Jésus sauva Pierre,
L'Horeb et le Cédron et les portes de pierre
    Du sépulcre des rois!

On croyait dans ce siècle où tout était prière;
Où Louis, au moment de ravir Lavallière,
S'arrêtait éperdu devant un crucifix;
Où l'autel rayonnait près du trône prospère;
Où, quand le roi disait : Dieu seul est grand, mon père?
L'évêque répondait : Dieu seul est grand, mon fils!

Les pâtres maintenant dorment dans les ravines;
Jérusalem est turque; et les moissons divines

N'ont plus de moissonneur.
La royauté décline et le peuple se lève.
— Hélas! l'homme aujourd'hui ne croit plus, mais il rêve. —
Lequel vaut mieux, Seigneur ?

Mars 1839.

VI

SUR UN HOMME POPULAIRE.

SUR UN HOMME POPULAIRE.

O peuple ! sous ce crâne où rien n'a pénétré,
Sous l'auguste sourcil morose et vénéré
    Du tribun et du cénobite,
Sous ce front dont un jour les révolutions
Feront en l'entr'ouvrant sortir les visions,
    Une pensée affreuse habite.

Dans l'Inde ainsi parfois le passant curieux
Contemple avec respect un mont mystérieux,
 Cime des nuages touchée,
Rêve et croit respirer, sans approcher trop près,
Dans ces rocs, dans ces eaux, dans ces mornes forêts,
 Une divinité cachée.

L'intérieur du mont en pagode est sculpté.
Puis vient enfin le jour de la solennité ;
 On brise la porte murée ;
Le peuple accourt poussant des cris tumultueux ; —
L'idole alors, fœtus aveugle et monstrueux,
 Sort de la montagne éventrée.

       Avril 1839.

VII

LE MONDE ET LE SIÈCLE.

LE MONDE ET LE SIÈCLE.

Que faites-vous, Seigneur? à quoi sert votre ouvrage?
A quoi bon l'eau du fleuve et l'éclair de l'orage?
Les prés? les ruisseaux purs qui lavent le gazon?
Et, sur les coteaux verts dont s'emplit l'horizon,

Les immenses troupeaux aux fécondes haleines
Que l'aboiement des chiens chasse à travers les plaines ?
Pourquoi, dans ce doux mois où l'air tremble attiédi,
Quand un calice s'ouvre aux souffles de midi,
Y plonger, ô Seigneur, l'abeille butinante
Et changer toute fleur en cloche bourdonnante ?
Pourquoi le brouillard d'or qui monte des hameaux ?
Pourquoi l'ombre et la paix qui tombent des rameaux ?
Pourquoi le lac d'azur semé de molles îles ?
Pourquoi les bois profonds, les grottes, les asiles ?
A quoi bon, chaque soir, quand luit l'été vermeil,
Comme un charbon ardent déposant le soleil
Au milieu des vapeurs par les vents remuées,
Allumer au couchant un brasier de nuées ?
Pourquoi rougir la vigne et jeter aux vieux murs
Le rayon qui revient gonfler les raisins mûrs ?
A quoi bon incliner sur ses axes mobiles
Ce globe monstrueux avec toutes ses villes,
Et ses monts et ses mers qui flottent à l'entour,
A quoi bon, ô Seigneur, l'incliner tour-à-tour,

Pour que l'ombre l'éteigne ou que le jour le dore,
Tantôt vers la nuit sombre et tantôt vers l'aurore?
A quoi vous sert le flot, le nuage, le bruit
Qu'en secret dans la fleur fait le germe du fruit?
A quoi bon féconder les éthers et les ondes,
Faire à tous les soleils des ceintures de mondes,
Peupler d'astres errants l'arche énorme des cieux,
Seigneur! et sur nos fronts, d'où rayonnent nos yeux,
Entasser en tous sens des millions de lieues
Et du vague infini poser les plaines bleues?
Pourquoi sur les hauteurs et dans les profondeurs
Cet amas effrayant d'ombres et de splendeurs?
A quoi bon parfumer, chauffer, nourrir et luire,
Tout aimer, et, Dieu bon! incessamment traduire,
Pour l'œil intérieur comme pour l'œil charnel,
L'éternelle pensée en spectacle éternel?
Si c'est pour qu'en ce siècle, où la loi tombe en cendre,
L'homme passe sans voir, sans croire, sans comprendre,
Sans rien chercher dans l'ombre, et sans lever les yeux
Vers les conseils divins qui flottent dans les cieux,

Sous la forme sacrée ou sous l'éclatant voile
Tantôt d'une nuée et tantôt d'une étoile !
Si c'est pour que ce temps fasse, en son morne ennui,
De l'opprimé d'hier l'oppresseur d'aujourd'hui ;
Pour qu'on s'entre-déchire à propos de cent rêves ;
Pour que le peuple, foule où dorment tant de sèves,
Aussi bien que les rois, — grave et haute leçon ! —
Ait la brutalité pour dernière raison,
Et réponde, troupeau qu'on tue ou qui lapide,
A l'aveugle boulet par le pavé stupide !
Si c'est pour que l'émeute ébranle la cité !
Pour que tout soit tyran, même la liberté !
Si c'est pour que l'honneur des anciens gentilshommes,
Par eux-même amené dans l'ornière où nous sommes,
Aux projets des partis s'attelle tristement ;
Si c'est pour qu'à sa haine on ajoute un serment
Comme à son vieux poignard on remet une lame ;
Si c'est pour que le prince, homme né d'une femme,
Né pour briller bien vite et pour vivre bien peu,
S'imagine être roi comme vous êtes Dieu !

Si c'est pour que la joie aux justes soit ravie ;
Pour que l'iniquité règne ; pour que l'envie,
Emplissant tant de fronts de brasiers dévorants,
Fasse petits des cœurs que l'amour ferait grands !
Si c'est pour que le prêtre, infirme et triste apôtre,
Marche avec ses deux yeux, ouvrant l'un, fermant l'autre,
Insulte à la nature au nom du verbe écrit,
Et ne comprenne pas qu'ici tout est l'esprit,
Que Dieu met comme en nous son souffle dans l'argile,
Et que l'arbre et la fleur commentent l'Évangile !
Si c'est pour que personne enfin, grand ou petit,
Pas même le vieillard que l'âge appesantit,
Personne, du tombeau sondant les avenues,
N'ait l'austère souci des choses inconnues,
Et que, pareil au bœuf par l'instinct assoupi,
Chacun trace un sillon sans songer à l'épi !
Car l'humanité, morne et manquant de prophètes,
Perd l'admiration des œuvres que vous faites ;
L'homme ne sent plus luire en son cœur triomphant
Ni l'aube, ni le lys, ni l'ange, ni l'enfant,

6.

Ni l'âme, ce rayon fait de lumière pure,
Ni la création, cette immense figure !

De là vient que souvent je rêve et que je dis :
— Est-ce que nous serions condamnés et maudits?
Est-ce que ces vivants, chétivement prospères,
Seraient déshérités du souffle de leurs pères?
O Dieu! considérez les hommes de ce temps,
Aveugles, loin de vous sous tant d'ombre flottants.
Éteignez vos soleils, ou rallumez leur flamme!
Reprenez votre monde, ou donnez-leur une âme!

Juin 1839.

VIII

—

A M. LE D. DE ...

A M. LE D. DE ***.

Jules, votre château, tour vieille et maison neuve,
Se mire dans la Loire, à l'endroit où le fleuve,
Sous Blois, élargissant son splendide bassin,
Comme une mère presse un enfant sur son sein

En lui parlant tout bas d'une voix recueillie,
Serre une île charmante en ses bras qu'il replie.
Vous avez tous les biens que l'homme peut tenir.
Déjà vous souriez voyant l'été venir,
Et vous écouterez bientôt sous le feuillage
Les rires éclatants qui montent du village.
Vous vivez! avril passe, et voici maintenant
Que mai, le mois d'amour, mai rose et rayonnant,
Mai, dont la robe verte est chaque jour plus ample,
Comme un lévite enfant chargé d'orner le temple,
Suspend aux noirs rameaux qu'il gonfle en les touchant
Les fleurs d'où sort l'encens, les nids d'où sort le chant.

Et puis vous m'écrivez que votre cheminée
Surcharge en ce moment sa frise blasonnée
D'un tas d'anciens débris autrefois triomphants,
De glaives, de cimiers essayés des enfants,

Qui souillent les doigts blancs de vos belles duchesses;
Et qu'enfin, — et c'est là d'où viennent vos richesses, —
Vos paysans, piquant les bœufs de l'aiguillon,
Ont ouvert un sépulcre en creusant un sillon.
Votre camp de César a subi leur entaille.
Car vous avez à vous tout un champ de bataille;
Et vos durs bûcherons, tout hâlés par le vent,
Du bruit de leur coignée ont troublé bien souvent,
Avec les noirs corbeaux s'enfuyant par volées,
Les ombres des héros à vos chênes mêlées.

Ami, vous le savez, spectateur sérieux,
J'ai rêvé bien des fois dans ces champs glorieux,
Qui, forcés par le soc, eux, vieux témoins des guerres,
A donner des moissons comme des champs vulgaires,
Pareils au roi déchu qui, craignant le réveil,
Revoit sa gloire en songe aux heures du sommeil,

Le jour laissent marcher le bouvier dans leurs seigles,
Et reçoivent la nuit la visite des aigles !

Oh ! respectez, enfant d'un siècle où tout se vend,
Rome morte à côté d'un village vivant !
Que votre piété, qui sur tout veut descendre,
Laisse en paix cette terre ou plutôt cette cendre !
Vivez content ! dès l'aube, en vos secrets chemins,
Errez avec la main d'une femme en vos mains ;
Contemplez, du milieu de tant de douces choses,
Dieu qui se réjouit dans la saison des roses ;
Et puis, le soir, au fond d'un coffre vermoulu,
Prenez ce vieux Virgile où tant de fois j'ai lu !
Cherchez l'ombre, et tandis que dans la galerie
Jase et rit au hasard la folle causerie,

Vous, éclairant votre âme aux antiques clartés,
Lisez mon doux Virgile, ô Jule, et méditez!

Car les temps sont venus qu'a prédits le poète!
Aujourd'hui, dans ces champs, vaste plaine muette,
Parfois le laboureur, sur le sillon courbé,
Trouve un noir javelot qu'il croit des cieux tombé,
Puis heurte pêle-mêle, au fond du sol qu'il fouille,
Casques vides, vieux dards qu'amalgame la rouille,
Et, rouvrant des tombeaux pleins de débris humains,
Pâlit de la grandeur des ossements romains!

Mai 1839.

IX

A Mlle FANNY DE P.

A MADEMOISELLE FANNY DE P.

O vous que votre âge défend,
Riez! tout vous caresse encore.
Jouez! chantez! soyez l'enfant!
Soyez la fleur! soyez l'aurore!

Quant au destin, n'y songez pas.
Le ciel est noir, la vie est sombre.
Hélas! que fait l'homme ici-bas?
Un peu de bruit dans beaucoup d'ombre.

Le sort est dur, nous le voyons.
Enfant! souvent l'œil plein de charmes
Qui jette le plus de rayons
Répand aussi le plus de larmes.

Vous que rien ne vient éprouver,
Vous avez tout! joie et délire,
L'innocence qui fait rêver,
L'ignorance qui fait sourire.

Vous avez, lys sauvé des vents,
Cœur occupé d'humbles chimères,

ET LES OMBRES.

Ce calme bonheur des enfants,
Pur reflet du bonheur des mères.

Votre candeur vous embellit.
Je préfère à toute autre flamme
Votre prunelle que remplit
La clarté qui sort de votre âme.

Pour vous ni soucis ni douleurs.
La famille vous idolâtre.
L'été, vous courez dans les fleurs ;
L'hiver, vous jouez près de l'âtre.

La poésie, esprit des cieux,
Près de vous, enfant, s'est posée ;
Votre mère l'a dans ses yeux,
Votre père dans sa pensée.

Profitez de ce temps si doux !
Vivez ! — La joie est vite absente ;
Et les plus sombres d'entre nous
Ont eu leur aube éblouissante.

Comme on prie avant de partir,
Laissez-moi vous bénir, jeune âme, —
Ange qui serez un martyr !
Enfant qui serez une femme !

Février 1840.

X

7.

Comme dans les étangs assoupis sous les bois,
Dans plus d'une âme on voit deux choses à la fois :
Le ciel, — qui teint les eaux à peine remuées
Avec tous ses rayons et toutes ses nuées,

Et la vase, — fond morne, affreux, sombre et dormant,
Où des reptiles noirs fourmillent vaguement.

Mai 1839.

XI

FIAT VOLUNTAS.

FIAT VOLUNTAS.

Pauvre femme! son lait à sa tête est monté.
Et, dans ses froids salons, le monde a répété,
Parmi les vains propos que chaque jour emporte,
Hier, qu'elle était folle, aujourd'hui, qu'elle est morte,

Et, seul au champ des morts, je foule ce gazon,
Cette tombe où sa vie a suivi sa raison !

Folle ! morte ! pourquoi ? mon Dieu ! pour peu de chose !
Pour un fragile enfant dont la paupière est close,
Pour un doux nouveau-né, tête aux fraîches couleurs,
Qui naguère à son sein, comme une mouche aux fleurs,
Pendait, riait, pleurait, et, malgré ses prières,
Troublant tout leur sommeil durant des nuits entières,
Faisait mille discours, pauvre petit ami !
Et qui ne dit plus rien, car il est endormi.

Quand elle vit son fils, le soir d'un jour bien sombre,
Car elle l'appelait son fils, cette vaine ombre !
Quand elle vit l'enfant glacé dans sa pâleur,
— Oh ! ne consolez point une telle douleur ! —

FIAT VOLUNTAS.

Pauvre femme! son lait à sa tête est monté.
Et, dans ses froids salons, le monde a répété,
Parmi les vains propos que chaque jour emporte,
Hier, qu'elle était folle, aujourd'hui, qu'elle est morte,

Et, seul au champ des morts, je foule ce gazon,
Cette tombe où sa vie a suivi sa raison !

Folle! morte! pourquoi? mon Dieu! pour peu de chose!
Pour un fragile enfant dont la paupière est close,
Pour un doux nouveau-né, tête aux fraîches couleurs,
Qui naguère à son sein, comme une mouche aux fleurs,
Pendait, riait, pleurait, et, malgré ses prières,
Troublant tout leur sommeil durant des nuits entières,
Faisait mille discours, pauvre petit ami !
Et qui ne dit plus rien, car il est endormi.

Quand elle vit son fils, le soir d'un jour bien sombre,
Car elle l'appelait son fils, cette vaine ombre !
Quand elle vit l'enfant glacé dans sa pâleur,
— Oh ! ne consolez point une telle douleur ! —

Elle ne pleura pas. Le lait avec la fièvre
Soudain troubla sa tête et fit trembler sa lèvre;
Et depuis ce jour-là, sans voir et sans parler,
Elle allait devant elle et regardait aller !
Elle cherchait dans l'ombre une chose perdue,
Son enfant, disparu dans la vague étendue,
Et par moments penchait son oreille en marchant,
Comme si sous la terre elle entendait un chant !

Une femme du peuple, un jour que dans la rue
Se pressait sur ses pas une foule accourue,
Rien qu'à la voir souffrir devina son malheur.
Les hommes, en voyant ce beau front sans couleur,
Et cet œil froid toujours suivant une chimère,
S'écriaient : Pauvre folle ! elle dit : Pauvre mère !

Pauvre mère, en effet ! Un soupir étouffant
Parfois coupait sa voix qui murmurait : L'enfant !

Parfois elle semblait, dans la cendre enfouie,
Chercher une lueur au ciel évanouie;
Car la jeune âme enfuie, hélas! de sa maison
Avait en s'en allant emporté sa raison !

On avait beau lui dire, en parlant à voix basse,
Que la vie est ainsi; que tout meurt, que tout passe;
Et qu'il est des enfants, — mères, sachez-le bien! —
Que Dieu, qui prête tout et qui ne donne rien,
Pour rafraîchir nos fronts avec leurs ailes blanches,
Met comme des oiseaux pour un jour sur nos branches!
On avait beau lui dire, elle n'entendait pas.
L'œil fixe, elle voyait toujours devant ses pas
S'ouvrir les bras charmants de l'enfant qui l'appelle.
Elle avait des hochets fait une humble chapelle.
C'est ainsi qu'elle est morte, — en deux mois, sans efforts; —
Car rien n'est plus puissant que ces petits bras morts
Pour tirer promptement les mères dans la tombe.
Où l'enfant est tombé bientôt la femme tombe.

Qu'est-ce qu'une maison dont le seuil est désert?
Qu'un lit sans un berceau? Dieu clément! à quoi sert
Le regard maternel sans l'enfant qui repose?
A quoi bon ce sein blanc sans cette bouche rose?

Après avoir long-temps, le cœur mort, les yeux morts,
Erré sur le tombeau comme étant en dehors,
— Long-temps! ce sont ici des paroles humaines,
Hélas! il a suffi de bien peu de semaines! —
Malheureuse! en deux mois tout s'est évanoui.
Hier elle était folle, elle est morte aujourd'hui!

Il suffit qu'un oiseau vienne sur une rive
Pour qu'un deuxième oiseau tout en hâte l'y suive.
Sur deux il en est un toujours qui va devant.
Après avoir à peine ouvert son aile au vent,

Il vint, le bel enfant, s'abattre sur la tombe ;
Elle y vint après lui, comme une autre colombe.

On a creusé la terre, et là, sous le gazon,
On a mis la nourrice auprès du nourrisson.

Et moi je dis : — Seigneur ! votre règle est austère !
Seigneur ! vous avez mis partout un noir mystère,
Dans l'homme et dans l'amour, dans l'arbre et dans l'oiseau
Et jusque dans ce lait que réclame un berceau,
Ambroisie et poison, doux miel, liqueur amère,
Fait pour nourrir l'enfant ou pour tuer la mère !

Février 1837.

XII

———

A LAURE, DUCH. D'A.

Le conseil municipal de la ville de Paris a refusé de donner six pieds de terre dans le cimetière du Père-Lachaise pour le tombeau de la veuve de Junot, ancien gouverneur de Paris.

Le ministre de l'intérieur a également refusé un morceau de marbre pour ce monument.

(*Journaux de février* 1840.)

A LAURE, DUCH. D'A.

Puisqu'ils n'ont pas compris, dans leur étroite sphère,
Qu'après tant de splendeur, de puissance et d'orgueil,
Il était grand et beau que la France dût faire
L'aumône d'une fosse à ton noble cercueil;

Puisqu'ils n'ont pas senti que celle qui sans crainte
Toujours loua la gloire et flétrit les bourreaux,
A le droit de dormir sur la colline sainte,
A le droit de dormir à l'ombre des héros ;

Puisque le souvenir de nos grandes batailles
Ne brûle pas en eux comme un sacré flambeau ;
Puisqu'ils n'ont pas de cœur ; puisqu'ils n'ont point d'entrailles;
Puisqu'ils t'ont refusé la pierre d'un tombeau ;

C'est à nous de chanter un chant expiatoire !
C'est à nous de t'offrir notre deuil à genoux !
C'est à nous, c'est à nous de prendre ta mémoire
Et de l'ensevelir dans un vers triste et doux !

C'est à nous cette fois de garder, de défendre
La mort contre l'oubli, son pâle compagnon ;

C'est à nous d'effeuiller des roses sur ta cendre;
C'est à nous de jeter des lauriers sur ton nom!

Puisqu'un stupide affront, pauvre femme endormie,
Monte jusqu'à ton front que César étoila,
C'est à moi, dont ta main pressa la main amie,
De te dire tout bas : Ne crains rien! je suis là!

Car j'ai ma mission! car, armé d'une lyre,
Plein d'hymnes irrités ardents à s'épancher,
Je garde le trésor des gloires de l'empire;
Je n'ai jamais souffert qu'on osât y toucher!

Car ton cœur abondait en souvenirs fidèles!
Dans notre ciel sinistre et sur nos tristes jours,
Ton noble esprit planait avec de nobles ailes,
Comme un aigle souvent, comme un ange toujours!

Car, forte pour tes maux et bonne pour les nôtres,
Livrée à la tempête et femme en proie au sort,
Jamais tu n'imitas l'exemple de tant d'autres,
Et d'une lâcheté tu ne te fis un port!

Car toi, la muse illustre, et moi, l'obscur apôtre,
Nous avons dans ce monde eu le même mandat,
Et c'est un nœud profond qui nous joint l'un à l'autre,
Toi, veuve d'un héros, et moi, fils d'un soldat!

Aussi, sans me lasser, dans cette Babylone,
Des drapeaux insultés baisant chaque lambeau,
J'ai dit pour l'empereur : Rendez-lui sa colonne !
Et je dirai pour toi : Donnez-lui son tombeau !

Février 1840.

XIII

Puits de l'Inde! tombeaux! monuments constellés!
Vous dont l'intérieur n'offre aux regards troublés
Qu'un amas tournoyant de marches et de rampes,
Froids cachots, corridors où rayonnent des lampes,
Poutres où l'araignée a tendu ses longs fils,
Blocs ébauchant partout de sinistres profils,

Toits de granit, troués comme une frêle toile,
Par où l'œil voit briller quelque profonde étoile,
Et des chaos de murs, de chambres, de paliers,
Où s'écroule au hasard un gouffre d'escaliers !
Cryptes qui remplissez d'horreur religieuse
Votre voûte sans fin, morne et prodigieuse !
Cavernes où l'esprit n'ose aller trop avant !
Devant vos profondeurs j'ai pâli bien souvent
Comme sur un abîme ou sur une fournaise,
Effrayantes Babels que rêvait Piranèse !

Entrez si vous l'osez !

                Sur le pavé dormant
Les ombres des arceaux se croisent tristement ;
La dalle par endroits, pliant sous les décombres,
S'entr'ouvre pour laisser passer des degrés sombres

Qui fouillent, vis de pierre, un souterrain sans fond;
D'autres montent là-haut et crèvent le plafond.
Où vont-ils? Dieu le sait. Du creux d'une arche vide
Une eau qui tombe envoie une lueur livide.
Une voûte au front vert s'égoutte dans un puits.
Dans l'ombre un lourd monceau de roches sans appuis
S'arrête retenu par des ronces grimpantes ;
Une corde qui pend d'un amas de charpentes
S'offre, mystérieuse, à la main du passant ;
Dans un caveau, penché sur un livre, et lisant,
Un vieillard surhumain, sous le roc qui surplombe,
Semble vivre oublié par la mort dans sa tombe.
Des sphynx, des bœufs d'airain, sur l'étrave accroupis,
Ont fait des chapiteaux aux piliers décrépits ;
L'aspic à l'œil de braise, agitant ses paupières,
Passe sa tête plate aux crevasses des pierres.
Tout chancelle et fléchit sous les toits entr'ouverts.
Le mur suinte, et l'on voit fourmiller à travers
De grands feuillages roux, sortant d'entre les marbres,
Des monstres qu'on prendrait pour des racines d'arbres.

Partout, sur les parois du morne monument,
Quelque chose d'affreux rampe confusément ;
Et celui qui parcourt ce dédale difforme,
Comme s'il était pris par un polype énorme,
Sur son front effaré, sous son pied hasardeux,
Sent vivre et remuer l'édifice hideux !

Aux heures où l'esprit, dont l'œil partout se pose,
Cherche à voir dans la nuit le fond de toute chose,
Dans ces lieux effrayants mon regard se perdit.
Bien souvent je les ai contemplés, et j'ai dit :

— O rêves de granit ! grottes visionnaires !
Cryptes ! palais ! tombeaux, pleins de vagues tonnerres !
Vous êtes moins brumeux, moins noirs, moins ignorés,
Vous êtes moins profonds et moins désespérés

Que le destin, cet antre habité par nos craintes,
Où l'âme entend, perdue en d'affreux labyrinthes,
Au fond, à travers l'ombre, avec mille bruits sourds,
Dans un gouffre inconnu tomber le flot des jours! —

Avril 1839.

XIV

DANS LE CIMETIÈRE DE ...

DANS LE CIMETIÈRE DE ***.

La foule des vivants rit et suit sa folie,
Tantôt pour son plaisir, tantôt pour son tourment ;
Mais par les morts muets, par les morts qu'on oublie,
Moi, rêveur, je me sens regardé fixement.

Ils savent que je suis l'homme des solitudes,
Le promeneur pensif sous les arbres épais,
L'esprit qui trouve, ayant ses douleurs pour études,
Au seuil de tout le trouble, au fond de tout la paix !

Ils savent l'attitude attentive et penchée
Que j'ai parmi les buis, les fosses et les croix ;
Ils m'entendent marcher sur la feuille séchée ;
Ils m'ont vu contempler des ombres dans les bois.

Ils comprennent ma voix, sur le monde épanchée,
Mieux que vous, ô vivants, bruyants et querelleurs !
Les hymnes de la lyre en mon âme cachée,
Pour vous ce sont des chants, pour eux ce sont des pleurs.

Oubliés des vivants, la nature leur reste.
Dans le jardin des morts où nous dormirons tous,

L'aube jette un regard plus calme et plus céleste,
Le lys semble plus pur, l'oiseau semble plus doux.

Moi, c'est là que je vis! — cueillant les roses blanches,
Consolant les tombeaux délaissés trop long-temps,
Je passe et je reviens, je dérange les branches,
Je fais du bruit dans l'herbe, et les morts sont contents.

Là je rêve! et, rôdant dans le champ léthargique,
Je vois, avec des yeux dans ma pensée ouverts,
Se transformer mon âme en un monde magique,
Miroir mystérieux du visible univers.

Regardant sans les voir de vagues scarabées,
Des rameaux indistincts, des formes, des couleurs,
Là, j'ai dans l'ombre, assis sur des pierres tombées,
Des éblouissements de rayons et de fleurs.

Là, le songe idéal qui remplit ma paupière,
Flotte, lumineux voile, entre la terre et nous;
Là, mes doutes ingrats se fondent en prière :
Je commence debout et j'achève à genoux.

Comme au creux du rocher vole l'humble colombe,
Cherchant la goutte d'eau qui tombe avant le jour,
Mon esprit altéré, dans l'ombre de la tombe,
Va boire un peu de foi, d'espérance et d'amour!

Mars 1840.

XV

Mères, l'enfant qui joue à votre seuil joyeux,
Plus frêle que les fleurs, plus serein que les cieux,
Vous conseille l'amour, la pudeur, la sagesse.
L'enfant, c'est un feu pur dont la chaleur caresse;
C'est de la gaîté sainte et du bonheur sacré;
C'est le nom paternel dans un rayon doré;

Et vous n'avez besoin que de cette humble flamme
Pour voir distinctement dans l'ombre de votre âme.
Mères, l'enfant qu'on pleure et qui s'en est allé,
Si vous levez vos fronts vers le ciel constellé,
Verse à votre douleur une lumière auguste ;
Car l'innocent éclaire aussi bien que le juste !
Il montre, clarté douce, à vos yeux abattus,
Derrière notre orgueil, derrière nos vertus,
Derrière la nuit noire où l'âme en deuil s'exile,
Derrière nos malheurs, Dieu profond et tranquille.
Que l'enfant vive ou dorme, il rayonne toujours !
Sur cette terre où rien ne va loin sans secours,
Où nos jours incertains sur tant d'abîmes pendent,
Comme un guide au milieu des brumes que répandent
Nos vices ténébreux et nos doutes moqueurs,
Vivant, l'enfant fait voir le devoir à vos cœurs ;
Mort, c'est la vérité qu'à votre âme il dévoile.
Ici, c'est un flambeau ; là-haut, c'est une étoile.

Mars 1840.

XVI

Matelots! matelots! vous déploierez les voiles;
Vous voguerez, joyeux parfois, mornes souvent;
Et vous regarderez aux lueurs des étoiles
La rive, écueil ou port, selon le coup de vent.

Envieux, vous mordrez la base des statues.
Oiseaux, vous chanterez! vous verdirez, rameaux!

Portes, vous croulerez de lierre revêtues.
Cloches, vous ferez vivre et rêver les hameaux.

Teignant votre nature aux mœurs de tous les hommes,
Voyageurs, vous irez comme d'errants flambeaux ;
Vous marcherez pensifs sur la terre où nous sommes,
En vous ressouvenant quelquefois des tombeaux.

Chênes, vous grandirez au fond des solitudes.
Dans les lointains brumeux, à la clarté des soirs,
Vieux saules, vous prendrez de tristes attitudes,
Et vous vous mirerez vaguement aux lavoirs.

Nids, vous tressaillerez sentant croître des ailes ;
Sillons, vous frémirez sentant sourdre le blé ;
Torches, vous jetterez de rouges étincelles
Qui tourbillonneront comme un esprit troublé.

Foudres, vous nommerez le Dieu que la mer nomme.
Ruisseaux, vous nourrirez la fleur qu'avril dora;
Vos flots refléteront l'ombre austère de l'homme,
Et vos flots couleront, et l'homme passera.

Chaque chose et chacun, âme, être, objet ou nombre,
Suivra son cours, sa loi, son but, sa passion,
Portant sa pierre à l'œuvre indéfinie et sombre
Qu'avec le genre humain fait la création !

Moi, je contemplerai le Dieu père du monde,
Qui livre à notre soif, dans l'ombre ou la clarté,
Le ciel, cette grande urne, adorable et profonde,
Où l'on puise le calme et la sérénité !

Mai 1839.

XVII

SPECTACLE RASSURANT.

SPECTACLE RASSURANT.

Tout est lumière, tout est joie.
L'araignée au pied diligent
Attache aux tulipes de soie
Ses rondes dentelles d'argent.

La frissonnante libellule
Mire les globes de ses yeux
Dans l'étang splendide où pullule
Tout un monde mystérieux !

La rose semble, rajeunie,
S'accoupler au bouton vermeil ;
L'oiseau chante plein d'harmonie
Dans les rameaux pleins de soleil.

Sa voix bénit le Dieu de l'âme
Qui, toujours visible au cœur pur,
Fait l'aube, paupière de flamme,
Pour le ciel, prunelle d'azur !

Sous les bois, où tout bruit s'émousse,
Le faon craintif joue en rêvant ;

Dans les verts écrins de la mousse
Luit le scarabée, or vivant.

La lune au jour est tiède et pâle
Comme un joyeux convalescent ;
Tendre, elle ouvre ses yeux d'opale
D'où la douceur du ciel descend !

La giroflée avec l'abeille
Folâtre en baisant le vieux mur ;
Le chaud sillon gaîment s'éveille,
Remué par le germe obscur.

Tout vit, et se pose avec grâce,
Le rayon sur le seuil ouvert,
L'ombre qui fuit sur l'eau qui passe,
Le ciel bleu sur le coteau vert !

La plaine brille, heureuse et pure ;
Le bois jase ; l'herbe fleurit... —
Homme ! ne crains rien ! la nature
Sait le grand secret, et sourit.

Juin 1839.

XVIII

ÉCRIT SUR LA VITRE
D'UNE FENÊTRE FLAMANDE.

ÉCRIT SUR LA VITRE D'UNE FENÊTRE FLAMANDE.

J'aime le carillon dans tes cités antiques,
O vieux pays gardien de tes mœurs domestiques,
Noble Flandre, où le Nord se réchauffe engourdi
Au soleil de Castille et s'accouple au Midi !
Le carillon, c'est l'heure inattendue et folle,
Que l'œil croit voir, vêtue en danseuse espagnole,

Apparaître soudain par le trou vif et clair
Que ferait en s'ouvrant une porte de l'air.
Elle vient, secouant sur les toits léthargiques
Son tablier d'argent plein de notes magiques,
Réveillant sans pitié les dormeurs ennuyeux,
Sautant à petits pas comme un oiseau joyeux,
Vibrant, ainsi qu'un dard qui tremble dans la cible;
Par un frêle escalier de cristal invisible,
Effarée et dansante, elle descend des cieux ;
Et l'esprit, ce veilleur fait d'oreilles et d'yeux,
Tandis qu'elle va, vient, monte et descend encore,
Entend de marche en marche errer son pied sonore !

Malines, août 1837.

XIX

CE QUI SE PASSAIT
AUX FEUILLANTINES
VERS 1813.

CE QUI SE PASSAIT AUX FEUILLANTINES

vers 1813.

Enfants, beaux fronts naïfs penchés autour de moi,
Bouches aux dents d'émail disant toujours : Pourquoi ?
Vous qui, m'interrogeant sur plus d'un grand problème,
Voulez de chaque chose, obscure pour moi-même,

Connaître le vrai sens et le mot décisif,
Et qui touchez à tout dans mon esprit pensif;
— Si bien que, vous partis, enfants, souvent je passe
Des heures, fort maussade, à remettre à leur place
Au fond de mon cerveau mes plans, mes visions,
Mes sujets éternels de méditations,
Dieu, l'homme, l'avenir, la raison, la démence,
Mes systèmes, tas sombre, échafaudage immense,
Dérangés tout-à-coup, sans tort de votre part,
Par une question d'enfant, faite au hasard! —
Puisqu'enfin vous voilà sondant mes destinées,
Et que vous me parlez de mes jeunes années,
De mes premiers instincs, de mon premier espoir,
Écoutez, doux amis qui voulez tout savoir!

J'eus dans ma blonde enfance, hélas trop éphémère,

Trois maîtres : — un jardin, un vieux prêtre et ma mère. —

Le jardin était grand, profond, mystérieux,
Fermé par de hauts murs aux regards curieux,
Semé de fleurs s'ouvrant ainsi que des paupières,
Et d'insectes vermeils qui couraient sur les pierres;
Plein de bourdonnements et de confuses voix;
Au milieu, presque un champ; dans le fond, presque un bois.
Le prêtre, tout nourri de Tacite et d'Homère,
Était un doux vieillard. Ma mère — était ma mère !

Ainsi je grandissais sous ce triple rayon.

Un jour... — Oh ! si Gautier me prêtait son crayon,

Je vous dessinerais d'un trait une figure
Qui chez ma mère un soir entra, fâcheux augure !
Un docteur au front pauvre, au maintien solennel,
Et je verrais éclore à vos bouches sans fiel,
Portes de votre cœur qu'aucun souci ne mine,
Ce rire éblouissant qui parfois m'illumine !

Lorsque cet homme entra, je jouais au jardin,
Et rien qu'en le voyant je m'arrêtai soudain.

C'était le principal d'un collége quelconque.

Les tritons que Coypel groupe autour d'une conque,
Les faunes que Vatteau dans les bois fourvoya,
Les sorciers de Rembrandt, les gnômes de Goya,

Les diables variés, vrais cauchemars de moine,
Dont Callot en riant taquine saint Antoine,
Sont laids, mais sont charmants; difformes, mais remplis
D'un feu qui de leur face anime tous les plis,
Et parfois dans leurs yeux jette un éclair rapide.
— Notre homme était fort laid, mais il était stupide.

Pardon, j'en parle encor comme un franc écolier.
C'est mal. Ce que j'ai dit, tâchez de l'oublier ;
Car de votre âge heureux, qu'un pédant embarrasse,
J'ai gardé la colère et j'ai perdu la grâce.

Cet homme chauve et noir, très effrayant pour moi,
Et dont ma mère aussi d'abord eut quelque effroi,
Tout en multipliant les humbles attitudes,
Apportait des avis et des sollicitudes.

— Que l'enfant n'était pas dirigé ; — que parfois
Il emportait son livre en rêvant dans les bois ;
Qu'il croissait au hasard dans cette solitude ;
Qu'on devait y songer ; que la sévère étude
Était fille de l'ombre et des cloîtres profonds ;
Qu'une lampe pendue à de sombres plafonds,
Qui de cent écoliers guide la plume agile,
Éclairait mieux Horace et Catulle et Virgile,
Et versait à l'esprit des rayons bien meilleurs
Que le soleil qui joue à travers l'arbre en fleurs.
Et qu'enfin il fallait aux enfants, — loin des mères, —
Le joug, le dur travail et les larmes amères.
Là-dessus, le collége, aimable et triomphant,
Avec un doux sourire offrait au jeune enfant,
Ivre de liberté, d'air, de joie et de roses,
Ses bancs de chêne noirs, ses longs dortoirs moroses,
Ses salles qu'on verrouille et qu'à tous leurs piliers
Sculpte avec un vieux clou l'ennui des écoliers,
Ses magisters qui font, parmi les paperasses,
Manger l'heure du jeu par les pensums voraces,

Et sans eau, sans gazon, sans arbres, sans fruits mûrs,
Sa grande cour pavée entre quatre grands murs.

L'homme congédié, de ses discours frappée,
Ma mère demeura triste et préoccupée.
Que faire? que vouloir? qui donc avait raison:
Ou le morne collége, ou l'heureuse maison?
Qui sait mieux de la vie accomplir l'œuvre austère :
L'écolier turbulent, ou l'enfant solitaire?
Problèmes! questions! elle hésitait beaucoup.
L'affaire était bien grave. Humble femme après tout,
Ame par le destin, non par les livres faite,
De quel front repousser ce tragique prophète,
Au ton si magistral, aux gestes si certains,
Qui lui parlait au nom des Grecs et des Latins?
Le prêtre était savant sans doute; mais, que sais-je?
Apprend-on par le maître ou bien par le collége?

Et puis enfin, — souvent ainsi nous triomphons!—
L'homme le plus vulgaire a de grands mots profonds
— « Il est indispensable!—il convient!—il importe! »—
Qui troublent quelquefois la femme la plus forte.
Pauvre mère! lequel choisir des deux chemins?
Tout le sort de son fils se pesait dans ses mains.
Tremblante, elle tenait cette lourde balance,
Et croyait bien la voir par moments en silence
Pencher vers le collége, hélas! en opposant
Mon bonheur à venir à mon bonheur présent.

Elle songeait ainsi sans sommeil et sans trève.

C'était l'été : Vers l'heure où la lune se lève,
Par un de ces beaux soirs qui ressemblent au jour,
Avec moins de clarté, mais avec plus d'amour,

Dans son parc, où jouaient le rayon et la brise,
Elle errait, toujours triste et toujours indécise,
Questionnant tout bas l'eau, le ciel, la forêt,
Écoutant au hasard les voix qu'elle entendrait.

C'est dans ces moments-là que le jardin paisible,
La broussaille où remue un insecte invisible,
Le scarabée ami des feuilles, le lézard
Courant au clair de lune au fond du vieux puisard,
La faïence à fleur bleue où vit la plante grasse,
Le dôme oriental du sombre Val-de-Grace,
Le cloître du couvent, brisé, mais doux encor;
Les marroniers, la verte allée aux boutons d'or,
La statue où sans bruit se meut l'ombre des branches,
Les pâles liserons, les paquerettes blanches,
Les cent fleurs du buisson, de l'arbre, du roseau,
Qui rendent en parfums ses chansons à l'oiseau,

Se mirent dans la mare, ou se cachent dans l'herbe,
Ou qui, de l'ébénier chargeant le front superbe,
Au bord des clairs étangs se mêlant au bouleau,
Tremblent en grappes d'or dans les moires de l'eau;
Et le ciel scintillant derrière les ramées,
Et les toits répandant de charmantes fumées,
C'est dans ces moments là, comme je vous le dis,
Que tout ce beau jardin, radieux paradis,
Tous ces vieux murs croulants, toutes ces jeunes roses,
Tous ces objets pensifs, toutes ces douces choses,
Parlèrent à ma mère avec l'onde et le vent,
Et lui dirent tout bas : — « Laisse-nous cet enfant!

» Laisse-nous cet enfant, pauvre mère troublée!
» Cette prunelle ardente, ingénue, étoilée,
» Cette tête au front pur qu'aucun deuil ne voila,
» Cette âme neuve encor, mère, laisse-nous-la!

» Ne va pas la jeter au hasard dans la foule.
» La foule est un torrent qui brise ce qu'il roule.
» Ainsi que les oiseaux les enfants ont leurs peurs.
» Laisse à notre air limpide, à nos moites vapeurs,
» A nos soupirs, légers comme l'aile d'un songe,
» Cette bouche où jamais n'a passé le mensonge,
» Ce sourire naïf que sa candeur défend !
» O mère au cœur profond, laisse-nous cet enfant !
» Nous ne lui donnerons que de bonnes pensées.
» Nous changerons en jour ses lueurs commencées;
» Dieu deviendra visible à ses yeux enchantés ;
» Car nous sommes les fleurs, les rameaux, les clartés,
» Nous sommes la nature et la source éternelle
» Où toute soif s'épanche, où se lave toute aile ;
» Et les bois et les champs, du sage seul compris,
» Font l'éducation de tous les grands esprits !
» Laisse croître l'enfant parmi nos bruits sublimes.
» Nous le pénètrerons de ces parfums intimes
» Nés du souffle céleste épars dans tout beau lieu,
» Qui font sortir de l'homme et monter jusqu'à Dieu,

» Comme le chant d'un luth, comme l'encens d'un vase,
» L'espérance, l'amour, la prière et l'extase !
» Nous pencherons ses yeux vers l'ombre d'ici-bas,
» Vers le secret de tout entr'ouvert sous ses pas.
» D'enfant nous le ferons homme, et d'homme poète.
» Pour former de ses sens la corolle inquiète,
» C'est nous qu'il faut choisir ; et nous lui montrerons
» Comment, de l'aube au soir, du chêne aux moucherons,
» Emplissant tout, reflets, couleurs, brumes, haleines,
» La vie aux mille aspects rit dans les vertes plaines.
» Nous te le rendrons simple et des cieux ébloui ;
» Et nous ferons germer de toutes parts en lui
» Pour l'homme, triste effet perdu sous tant de causes,
» Cette pitié qui naît du spectacle des choses !
» Laisse-nous cet enfant ! nous lui ferons un cœur
» Qui comprendra la femme ; un esprit non moqueur,
» Où naîtront aisément le songe et la chimère,
» Qui prendra Dieu pour livre et les champs pour grammaire ;
» Une âme, pur foyer de secrètes faveurs,
» Qui luira doucement sur tous les fronts rêveurs,

» Et, comme le soleil dans les fleurs fécondées,
» Jettera des rayons sur toutes les idées ! »

Ainsi parlaient, à l'heure où la ville se tait,
L'astre, la plante et l'arbre,— et ma mère écoutait.

Enfants ! ont-ils tenu leur promesse sacrée ?
Je ne sais. Mais je sais que ma mère adorée
Les crut, et m'épargnant d'ennuyeuses prisons,
Confia ma jeune âme à leurs douces leçons.

Dès lors, en attendant la nuit, heure où l'étude
Rappelait ma pensée à sa grave attitude,
Tout le jour, libre, heureux, seul sous le firmament,
Je pus errer à l'aise en ce jardin charmant,

Contemplant les fruits d'or, l'eau rapide ou stagnante,
L'étoile épanouie et la fleur rayonnante,
Et les prés et les bois, que mon esprit le soir
Revoyait dans Virgile ainsi qu'en un miroir.

Enfants ! aimez les champs, les vallons, les fontaines,
Les chemins que le soir emplit de voix lointaines,
Et l'onde et le sillon, flanc jamais assoupi,
Où germe la pensée à côté de l'épi.
Prenez-vous par la main et marchez dans les herbes ;
Regardez ceux qui vont liant les blondes gerbes ;
Épelez dans le ciel plein de lettres de feu,
Et quand un oiseau chante, écoutez parler Dieu.
La vie avec le choc des passions contraires
Vous attend ; soyez bons, soyez vrais, soyez frères ;
Unis contre le monde où l'esprit se corrompt,
Lisez au même livre en vous touchant du front ;

Et n'oubliez jamais que l'âme humble et choisie
Faite pour la lumière et pour la poésie,
Que les cœurs où Dieu met des échos sérieux
Pour tous les bruits qu'anime un sens mystérieux,
Dans un cri, dans un son, dans un vague murmure,
Entendent les conseils de toute la nature !

Mai 1839.

XX

AU STATUAIRE DAVID.

AU STATUAIRE DAVID.

I

David! comme un grand roi qui partage à des princes
Les états paternels provinces par provinces,
Dieu donne à chaque artiste un empire divers :
Au poète, le souffle épars dans l'univers,

La vie et la pensée et les foudres tonnantes,
Et le splendide essaim des strophes frissonnantes
Volant de l'homme à l'ange et du monstre à la fleur ;
La forme au statuaire ; au peintre la couleur ;
Au doux musicien, rêveur limpide et sombre,
Le monde obscur des sons qui murmure dans l'ombre.

La forme au statuaire ! — Oui, mais, tu le sais bien,
La forme, ô grand sculpteur, c'est tout et ce n'est rien.
Ce n'est rien sans l'esprit, c'est tout avec l'idée !
Il faut que, sous le ciel, de soleil inondée,
Debout sous les flambeaux d'un grand temple doré,
Ou seule avec la nuit dans un antre sacré,
Au fond des bois dormants comme au seuil d'un théâtre,
La figure de pierre, ou de cuivre, ou d'albâtre,
Porte divinement sur son front calme et fier
La beauté, ce rayon, la gloire, cet éclair !

Il faut qu'un souffle ardent lui gonfle la narine,
Que la force puissante emplisse sa poitrine,
Que la grâce en riant ait arrondi ses doigts,
Que sa bouche muette ait pourtant une voix !
Il faut qu'elle soit grave et pour les mains glacée
Mais pour les yeux vivante, et, devant la pensée,
Devant le pur regard de l'âme et du ciel bleu,
Nue avec majesté comme Adam devant Dieu !
Il faut que, Vénus chaste, elle sorte de l'onde,
Semant au loin la vie et l'amour sur le monde,
Et faisant autour d'elle, en son superbe essor,
Partout où s'éparpille et tombe en gouttes d'or
L'eau de ses longs cheveux, humide et sacré voile,
De toute herbe une fleur, de tout œil une étoile !
Il faut, si l'art chrétien anime le sculpteur,
Qu'avec le même charme elle ait plus de hauteur;
Qu'Ame ailée, elle rie et de Satan se joue;
Que, Martyre, elle chante à côté de la roue;
Ou que, Vierge divine, astre du gouffre amer,
Son regard soit si doux qu'il apaise la mer !

II

Voilà ce que tu sais, ô noble statuaire !
Toi qui dans l'art profond, comme en un sanctuaire,
Entras bien jeune encor pour n'en sortir jamais !
Esprit, qui, te posant sur les plus purs sommets,
Pour créer ta grande œuvre, où sont tant d'harmonies,
Pris de la flamme au front de tous les fiers génies !
Voilà ce que tu sais, toi qui sens, toi qui vois !
Maître sévère et doux qu'éclairent à la fois,
Comme un double rayon qui jette un jour étrange,
Le jeune Raphaël et le vieux Michel-Ange !
Et tu sais bien aussi quel souffle inspirateur
Parfois, comme un vent sombre, emporte le sculpteur,

Ame dans Isaïe et Phidias trempée,
De l'ode étroite et haute à l'immense épopée!

III

Les grands hommes, héros ou penseurs,—demi-dieux!—
Tour-à-tour sur le peuple ont passé radieux,
Les uns armés d'un glaive et les autres d'un livre;
Ceux-ci montrant du doigt la route qu'il faut suivre,
Ceux-là forçant la cause à sortir de l'effet;
L'artiste ayant un rêve et le savant un fait;
L'un a trouvé l'aimant, la presse, la boussole,
L'autre un monde où l'on va, l'autre un vers qui console.
Ce roi, juste et profond, pour l'aider en chemin,
A pris la liberté franchement par la main;

Ces tribuns ont forgé des freins aux républiques ;
Ce prêtre, fondateur d'hospices angéliques,
Sous son toit, que réchauffe une haleine de Dieu,
A pris l'enfant sans mère et le vieillard sans feu ;
Ce mage, dont l'esprit réfléchit les étoiles,
D'Isis, l'un après l'autre, a levé tous les voiles ;
Ce juge, abolissant l'infâme tombereau,
A raturé le code à l'endroit du bourreau ;
Ensemençant, malgré les clameurs insensées,
D'écoles les hameaux et les cœurs de pensées,
Pour nous rendre meilleurs ce vrai sage est venu ;
En de graves instants, cet autre a contenu,
Sous ses puissantes mains à la foule imposées,
Le peuple, grand faiseur de couronnes brisées ;
D'autres ont traversé sur un pont chancelant,
Sur la mine qu'un fort recelait dans son flanc,
Sur la brèche par où s'écroule une muraille,
Un horrible ouragan de flamme et de mitraille ;
Dans un siècle de haine, âge impie et moqueur,
Ceux-là, poètes saints, ont fait entendre en chœur

Aux sombres nations que la discorde pousse,
Des champs et des forêts la voix auguste et douce;
Car l'hymne universel éteint les passions;
Car c'est surtout aux jours des révolutions,
Morne et brûlant désert où l'homme s'aventure,
Que l'art se désaltère à ta source, ô nature!
Tous ces hommes, cœurs purs, esprits de vérité,
Fronts où se résuma toute l'humanité,
Rêveurs ou rayonnants, sont debout dans l'histoire,
Et tous ont leur martyre auprès de leur victoire.
La vertu, c'est un livre austère et triomphant
Où tout père doit faire épeler son enfant;
Chaque homme illustre, ayant quelque divine empreinte,
De ce grand alphabet est une lettre sainte.
Sous leurs pieds sont groupés leurs symboles sacrés,
Astres, lyres, compas, lions démesurés,
Aigles à l'œil de flamme, aux vastes envergures.
— Le sculpteur ébloui contemple ces figures! —
Il songe à la patrie, aux tombeaux solennels,
Aux cités à remplir d'exemples éternels;

Et voici que déjà, vision magnifique!
Mollement éclairés d'un reflet pacifique,
Grandissant hors du sol de moment en moment,
De vagues bas-reliefs chargés confusément,
Au fond de son esprit, que la pensée encombre,
Les énormes frontons apparaissent dans l'ombre!

IV

N'est-ce pas? c'est ainsi qu'en ton cerveau, sans bruit,
L'édifice s'ébauche et l'œuvre se construit?
C'est là ce qui se passe en ta grande âme émue
Quand tout un panthéon ténébreux s'y remue?
C'est ainsi, n'est-ce pas, ô maître? que s'unit
L'homme à l'architecture et l'idée au granit?

Oh! qu'en ces instants-là ta fonction est haute!
Au seuil de ton fronton tu reçois comme un hôte
Ces hommes plus qu'humains. Sur un bloc de Paros
Tu t'assieds face à face avec tous ces héros.
Et là, devant tes yeux qui jamais ne défaillent,
Ces ombres, qui seront bronze et marbre, tressaillent.
L'avenir est à toi, ce but de tous leurs vœux,
Et tu peux le donner, ô maître, à qui tu veux!
Toi, répandant sur tous ton équité complète,
Prêtre autant que sculpteur, juge autant que poëte,
Accueillant celui-ci, rejetant celui-là,
Louant Napoléon, gourmandant Attila,
Parfois grandissant l'un par le contact de l'autre,
Dérangeant le guerrier pour mieux placer l'apôtre,
Tu fais des dieux! — tu dis, abaissant ta hauteur,
Au pauvre vieux soldat, à l'humble vieux pasteur:
— Entrez! je vous connais. Vos couronnes sont prêtes.
Et tu dis à des rois : — Je ne sais qui vous êtes.

V

Car il ne suffit point d'avoir été des rois,
D'avoir porté le sceptre, et le globe, et la croix,
Pour que le fier poète et l'altier statuaire
Étoilent dans sa nuit votre drap mortuaire,
Et des hauts panthéons vous ouvrent les chemins.

C'est vous-mêmes, ô rois, qui de vos propres mains
Bâtissez sur vos noms ou la gloire ou la honte !
Ce que nous avons fait tôt ou tard nous raconte.
On peut vaincre le monde, avoir un peuple, agir
Sur un siècle, guérir sa plaie ou l'élargir,

Lorsque vos missions seront enfin remplies,
Des choses qu'ici-bas vous aurez accomplies
Une voix sortira, voix de haine ou d'amour,
Sombre comme le bruit du verrou dans la tour
Ou douce comme un chant dans le nid des colombes,
Qui fera remuer la pierre de vos tombes.
Cette voix, l'avenir, grave et fatal témoin,
Est d'avance penché qui l'écoute de loin !
Et là, point de caresse et point de flatterie,
Point de bouche à mentir façonnée et nourrie,
Pas d'hosanna payé, pas d'écho complaisant
Changeant la plainte amère en cri reconnaissant.
Non, les vices hideux, les trahisons, les crimes,
Comme les dévoûments et les vertus sublimes,
Portent un témoignage intègre et souverain.
Les actions qu'on fait ont des lèvres d'airain.

VI

Que sur ton atelier, maître, un rayon demeure!
Là, le silence, l'art, l'étude oubliant l'heure,
Dans l'ombre les essais que tu répudias,
D'un côté Jean Goujon, de l'autre Phidias,
Des pierres, de pensée à demi revêtues,
Un tumulte muet d'immobiles statues,
Les bustes méditant dans les coins assombris,
Je ne sais quelle paix qui tombe des lambris,
Tout est grand, tout est beau, tout charme et tout domine.
Toi qu'à l'intérieur l'art divin illumine,
Tu regardes passer, grave et sans dire un mot,
Dans ton âme tranquille où le jour vient d'en haut,

Tous les nobles aspects de la figure humaine.
Comme dans une église à pas lents se promène
Un grand peuple pensif auquel un Dieu sourit,
Ces fantômes sereins marchent dans ton esprit.
Ils errent à travers tes rêves poétiques
Faits d'ombre et de lueurs et de vagues portiques,
Parfois palais vermeil, parfois tombeau dormant,
Secrète architecture, immense entassement
Qui, jetant des rumeurs joyeuses ou plaintives,
De ta grande pensée emplit les perspectives.
Car l'antique Babel n'est pas morte, et revit
Sous le front des songeurs. Dans ta tête, ô David !
La spirale se tord, le pilier se projette ;
Et dans l'obscurité de ton cerveau végète
La profonde forêt, qu'on ne voit point ailleurs,
Des chapiteaux touffus pleins d'oiseaux et de fleurs !

VII

Maintenant, — toi qui vas hors des routes tracées,
O pétrisseur de bronze, ô mouleur de pensées,
Considère combien les hommes sont petits,
Et maintiens-toi superbe au-dessus des partis !
Garde la dignité de ton ciseau sublime.
Ne laisse pas toucher ton marbre par la lime
Des sombres passions qui rongent tant d'esprits.
Michel-Ange avait Rome et David a Paris.
Donne donc à ta ville, ami, ce grand exemple
Que, si les marchands vils n'entrent pas dans le temple,
Les fureurs des tribuns et leur songe abhorré
N'entrent pas dans le cœur de l'artiste sacré.

Refuse aux cours ton art, donne au peuple tes veilles,
C'est bien, ô mon sculpteur! mais loin de tes oreilles
Chasse ceux qui s'en vont flattant les carrefours.
Toi, dans ton atelier tu dois rêver toujours,
Et, de tout vice humain écrasant la couleuvre,
Toi-même par degrés t'éblouir de ton œuvre!
Ce que ces hommes-là font dans l'ombre ou défont
Ne vaut pas ton regard levé vers le plafond
Cherchant la beauté pure et le grand et le juste.
Leur mission est basse et la tienne est auguste.
Et qui donc oserait mêler un seul moment
Aux mêmes visions, au même aveuglement,
Aux mêmes vœux haineux, insensés ou féroces,
Eux, esclaves des nains, toi, père des colosses!

Avril 1840.

XXI

A UN POÈTE.

A UN POÈTE.

Ami, cache ta vie et répands ton esprit.

Un tertre, où le gazon diversement fleurit ;
Des ravins où l'on voit grimper les chèvres blanches;
Un vallon, abrité sous un réseau de branches

Pleines de nids d'oiseaux, de murmures, de voix,
Qu'un vent joyeux remue, et d'où tombe parfois,
Comme un sequin jeté par une main distraite,
Un rayon de soleil dans ton âme secrète ;
Quelques rocs, par Dieu même arrangés savamment
Pour faire des échos au fond du bois charmant ;
Voilà ce qu'il te faut pour séjour, pour demeure !
C'est là, — que ta maison chante, aime, rie ou pleure, —
Qu'il faut vivre, enfouir ton toit, borner tes jours,
Envoyant un soupir à peine aux antres sourds,
Mirant dans ta pensée intérieure et sombre
La vie obscure et douce et les heures sans nombre,
Bon d'ailleurs, et tournant, sans trouble ni remords,
Ton cœur vers les enfants, ton âme vers les morts !
Et puis, en même temps, au hasard, par le monde,
Suivant sa fantaisie auguste et vagabonde,
Loin de toi, par-delà ton horizon vermeil,
Laisse ta poésie aller en plein soleil !
Dans les rauques cités, dans les champs taciturnes,
Effleurée en passant des lèvres et des urnes,

Laisse-la s'épancher, cristal jamais terni,
Et fuir, roulant toujours vers Dieu, gouffre infini,
Calme et pure, à travers les âmes fécondées,
Un immense courant de rêves et d'idées
Qui recueille en passant, dans son flot solennel,
Toute eau qui sort de terre ou qui descend du ciel!
Toi, sois heureux dans l'ombre. En ta vie ignorée,
Dans ta tranquillité vénérable et sacrée,
Reste réfugié, penseur mystérieux!
Et que le voyageur malade et sérieux,
Puisse, si le hasard l'amène en ta retraite,
Puiser en toi la paix, l'espérance discrète,
L'oubli de la fatigue et l'oubli du danger,
Et boire à ton esprit limpide, sans songer
Que, là-bas, tout un peuple aux mêmes eaux s'abreuve.

Sois petit comme source et sois grand comme fleuve.

Avril 1839.

XXII

GUITARE.

Le mont Fatù. Prononcer mont Fatou.

GUITARE.

Gastibelza, l'homme à la carabine,
    Chantait ainsi :
« Quelqu'un a-t-il connu doña Sabine ?
    Quelqu'un d'ici ?

Dansez, chantez, villageois ! la nuit gagne
    Le mont Falù.
— Le vent qui vient à travers la montagne
    Me rendra fou !

» Quelqu'un de vous a-t-il connu Sabine,
    Ma señora ?
Sa mère était la vieille maugrabine
    D'Antequera
Qui chaque nuit criait dans la Tour-Magne
    Comme un hibou... —
Le vent qui vient à travers la montagne
    Me rendra fou.

» Dansez, chantez ! Des biens que l'heure envoie
    Il faut user.
Elle était jeune et son œil plein de joie
    Faisait penser. —

A ce vieillard qu'un enfant accompagne
     Jetez un sou !... —
Le vent qui vient à travers la montagne
     Me rendra fou.

» Vraiment, la reine eût près d'elle été laide
     Quand, vers le soir,
Elle passait sur le pont de Tolède
     En corset noir.
Un chapelet du temps de Charlemagne
     Ornait son cou... —
Le vent qui vient à travers la montagne
     Me rendra fou.

» Le roi disait, en la voyant si belle,
     A son neveu :
« — Pour un baiser, pour un sourire d'elle,
     » Pour un cheveu,

» Infant don Ruy, je donnerais l'Espagne
» Et le Pérou ! » —
Le vent qui vient à travers la montagne
Me rendra fou.

» Je ne sais pas si j'aimais cette dame,
Mais je sais bien
Que pour avoir un regard de son âme,
Moi, pauvre chien,
J'aurais gaîment passé dix ans au bagne
Sous le verrou... —
Le vent qui vient à travers la montagne
Me rendra fou.

» Un jour d'été que tout était lumière,
Vie et douceur,
Elle s'en vint jouer dans la rivière
Avec sa sœur,

Je vis le pied de sa jeune compagne
 Et son genou.... —
Le vent qui vient à travers la montagne
 Me rendra fou.

» Quand je voyais cette enfant, moi, le pâtre
 De ce canton,
Je croyais voir la belle Cléopâtre
 Qui, nous dit-on,
Menait César, empereur d'Allemagne,
 Par le licou... —
Le vent qui vient à travers la montagne
 Me rendra fou.

» Dansez, chantez, villageois, la nuit tombe!
 Sabine un jour
A tout vendu, sa beauté de colombe,
 Et son amour,

Pour l'anneau d'or du comte de Saldagne,
   Pour un bijou... —
Le vent qui vient à travers la montagne
   Me rendra fou.

» Sur ce vieux banc souffrez que je m'appuie,
   Car je suis las.
Avec ce comte elle s'est donc enfuie !
   Enfuie, hélas!
Par le chemin qui va vers la Cerdagne,
   Je ne sais où... —
Le vent qui vient à travers la montagne
   Me rendra fou.

» Je la voyais passer de ma demeure,
   Et c'était tout.
Mais à présent je m'ennuie à toute heure,
   Plein de dégoût,

Rêveur oisif, l'âme dans la campagne,
  La dague au clou...—
Le vent qui vient à travers la montagne
  M'a rendu fou!

Mars 1837.

XXIII

AUTRE GUITARE.

AUTRE GUITARE.

Comment, disaient-ils,
Avec nos nacelles,
Fuir les alguazils ?
— Ramez, disaient-elles.

Comment, disaient-ils,
Oublier querelles,
Misère et périls?
— Dormez, disaient-elles.

Comment, disaient-ils,
Enchanter les belles
Sans philtres subtils?
— Aimez, disaient-elles.

Juillet 1838.

XXIV

Quand tu me parles de gloire,
Je souris amèrement.
Cette voix que tu veux croire,
Moi, je sais bien qu'elle ment.

La gloire est vite abattue ;
L'envie au sanglant flambeau
N'épargne cette statue
Qu'assise au seuil d'un tombeau.

La prospérité s'envole.
Le pouvoir tombe et s'enfuit.
Un peu d'amour qui console
Vaut mieux et fait moins de bruit.

Je ne veux pas d'autres choses
Que ton sourire et ta voix,
De l'air, de l'ombre et des roses
Et des rayons dans les bois !

Je ne veux, moi qui me voile
Dans la joie ou la douleur,

Que ton regard, mon étoile!
Que ton haleine, ô ma fleur!

Sous ta paupière vermeille
Qu'inonde un céleste jour,
Tout un univers sommeille ;
Je n'y cherche que l'amour !

Ma pensée, urne profonde,
Vase à la douce liqueur,
Qui pourrait emplir le monde,
Ne veut emplir que ton cœur !

Chante! en moi l'extase coule.
Ris-moi! c'est mon seul besoin.
Que m'importe cette foule
Qui fait sa rumeur au loin !

Dans l'ivresse où tu me plonges,
En vain, pour briser nos nœuds,
Je vois passer dans mes songes
Les poètes lumineux.

Je veux, quoi qu'ils me conseillent,
Préférer, jusqu'à la mort,
Aux fanfares qui m'éveillent
Ta chanson qui me rendort !

Je veux, dût mon nom suprême
Au front des cieux s'allumer,
Qu'une moitié de moi-même
Reste ici-bas pour t'aimer !

Laisse-moi t'aimer dans l'ombre,
Triste ou du moins sérieux.

La tristesse est un lieu sombre
Où l'amour rayonne mieux.

Ange aux yeux pleins d'étincelles,
Femme aux jours de pleurs noyés,
Prends mon âme sur tes ailes,
Laisse mon cœur à tes pieds !

Octobre 1837.

XXV

EN PASSANT
DANS LA PLACE LOUIS XV
UN JOUR DE FÊTE PUBLIQUE.

EN PASSANT DANS LA PLACE LOUIS XV

UN JOUR DE FÊTE PUBLIQUE.

—Allons! dit-elle, encor! pourquoi ce front courbé?
Songeur, dans votre puits vous voilà retombé!
A quoi bon pour rêver venir dans une fête?—

Moi je lui dis, tandis qu'elle inclinait la tête,
Et que son bras charmant à mon bras s'appuyait :

— « Oui, c'est dans cette place où notre âge inquiet
Mit une pierre afin de cacher une idée,
C'est bien ici qu'un jour, de soleil inondée,
La grande nation dans la grande cité
Vint voir passer en pompe une douce beauté !
Ange à qui l'on rêvait des ailes repliées !
Vierge la veille encor, des jeunes mariées
Ayant l'étonnement et la fraîche pâleur,
Qui, reine et femme, étoile en même temps que fleur,
Unissait, pour charmer cette foule attendrie,
Le doux nom d'Antoinette au beau nom de Marie !

Son prince la suivait, ils souriaient entre eux,
Et tous en la voyant disaient : Qu'il est heureux ! » —

Et je me tus alors, car mon cœur était sombre;
La laissant contempler la fête aux bruits sans nombre,
Le fleuve où se croisaient cent bateaux pavoisés,
Le peuple, les vieillards à l'ombre reposés,
Les écoliers jouant par bandes séparées,
Et le soleil tranquille, et, de joie enivrées,
Les bouches, qui, couvrant l'orchestre aux vagues sons,
Jetaient une vapeur de confuses chansons.

Moi, vers ce qui se meut dans une ombre éternelle,
Je m'étais retourné. L'âme est une prunelle.

— Oh! pensais-je, pouvoir étrange et surhumain
De celui qui nous tient palpitants dans sa main!
O volonté du ciel! abîme où l'œil se noie!
Gouffre où depuis Adam le genre humain tournoie!

Comme vous nous prenez et vous nous rejetez !
Comme vous vous jouez de nos prospérités !
Sur votre sable, ô Dieu, notre granit se fonde !
Oh ! que l'homme est plongé dans une nuit profonde !
Comme tout ce qu'il fait, hélas ! en s'achevant
Sur lui croule ! et combien il arrive souvent
Qu'à l'heure où nous rêvons un avenir suprême,
Le sort de nous se rit, et que, sous nos pas même,
Dans cette terre où rien ne nous semble creusé,
Quelque chose d'horrible est déjà déposé !
Louis Seize, le jour de sa noce royale,
Avait déjà le pied sur la place fatale
Où, formé lentement au souffle du Très-Haut,
Comme un grain dans le sol, germait son échafaud !

Avril 1839.

XXVI

MILLE CHEMINS, UN SEUL BUT.

MILLE CHEMINS, UN SEUL BUT.

Le chasseur songe dans les bois
A des beautés sur l'herbe assises,
Et dans l'ombre il croit voir parfois
Danser des formes indécises.

Le soldat pense à ses destins
Tout en veillant sur les empires,
Et dans ses souvenirs lointains
Entrevoit de vagues sourires.

Le pâtre attend sous le ciel bleu
L'heure où son étoile paisible
Va s'épanouir, fleur de feu,
Au bout d'une tige invisible.

Regarde-les. Regarde encor
Comme la vierge, fille d'Ève,
Jette en courant dans les blés d'or
Sa chanson qui contient son rêve!

Vois errer dans les champs en fleur,
Dos courbé, paupières baissées,

Le poète, cet oiseleur
Qui cherche à prendre des pensées.

Vois sur la mer les matelots
Implorant la terre embaumée,
Lassés de l'écume des flots,
Et demandant une fumée !

Se rappelant, quand le flot noir
Bat les flancs plaintifs du navire,
Les hameaux, si joyeux le soir,
Les arbres pleins d'éclats de rire !

Vois le prêtre, priant pour tous,
Front pur qui sous nos fautes penche,
Songer dans le temple, à genoux
Sur les plis de sa robe blanche.

Vois s'élever sur les hauteurs
Tous ces grands penseurs que tu nommes,
Sombres esprits dominateurs,
Chênes dans la forêt des hommes.

Vois, couvant des yeux son trésor,
La mère contempler, ravie,
Son enfant, cœur sans ombre encor,
Vase que remplira la vie !

Tous, dans la joie ou dans l'affront,
Portent, sans nuage et sans tache,
Un mot qui rayonne à leur front,
Dans leur âme un mot qui se cache.

Selon les desseins du Seigneur,
Le mot qu'on voit pour tous varie ;
— L'un a : Gloire! l'autre a : Bonheur!
L'un dit : Vertu! l'autre : Patrie!

Le mot caché ne change pas.
Dans tous les cœurs toujours le même,
Il y chante ou gémit tout bas ;
Et ce mot, c'est le mot suprême!

C'est le mot qui peut assoupir
L'ennui du front le plus morose !
C'est le mystérieux soupir
Qu'à toute heure fait toute chose !

C'est le mot d'où les autres mots
Sortent comme d'un tronc austère,

Et qui remplit de ses rameaux
Tous les langages de la terre !

C'est le verbe, obscur ou vermeil,
Qui luit dans le reflet des fleuves,
Dans le phare, dans le soleil,
Dans la sombre lampe des veuves !

Qui se mêle au bruit des roseaux,
Au tressaillement des colombes ;
Qui jase et rit dans les berceaux,
Et qu'on sent vivre au fond des tombes !

Qui fait éclore dans les bois
Les feuilles, les souffles, les ailes,
La clémence au cœur des grands rois,
Le sourire aux lèvres des belles !

C'est le nœud des prés et des eaux !
C'est le charme qui se compose
Du plus tendre cri des oiseaux,
Du plus doux parfum de la rose !

C'est l'hymne que le gouffre amer
Chante en poussant au port des voiles !
C'est le mystère de la mer,
Et c'est le secret des étoiles !

Ce mot, fondement éternel
De la seconde des deux Romes,
C'est Foi dans la langue du ciel,
Amour dans la langue des hommes !

Aimer, c'est avoir dans les mains
Un fil pour toutes les épreuves,
Un flambeau pour tous les chemins,
Une coupe pour tous les fleuves!

Aimer, c'est comprendre les cieux ;
C'est mettre, qu'on dorme ou qu'on veille,
Une lumière dans ses yeux,
Une musique en son oreille!

C'est se chauffer à ce qui bout !
C'est pencher son âme embaumée
Sur le côté divin de tout !
Ainsi, ma douce bien-aimée,

Tu mêles ton cœur et tes sens,
Dans la retraite où tu m'accueilles,
Aux dialogues ravissants
Des flots, des astres et des feuilles !

La vitre laisse voir le jour;
Malgré nos brumes et nos doutes,
O mon ange ! à travers l'amour
Les vérités paraissent toutes !

L'homme et la femme, couple heureux,
A qui le cœur tient lieu d'apôtre,

Laissent voir le ciel derrière eux,
Et sont transparents l'un pour l'autre.

Ils ont en eux, comme un lac noir
Reflète un astre en son eau pure,
Du Dieu caché qu'on ne peut voir
Une lumineuse figure !

Aimons ! prions ! Les bois sont verts,
L'été resplendit sur la mousse,
Les germes vivent entr'ouverts,
L'onde s'épanche et l'herbe pousse !

Que la foule, bien loin de nous,
Suive ses routes insensées.
Aimons, et tombons à genoux,
Et laissons aller nos pensées !

ET LES OMBRES.

L'amour, qu'il vienne tôt ou tard,
Prouve Dieu dans notre âme sombre.
Il faut bien un corps quelque part
Pour que le miroir ait une ombre.

Mai 183...

XXVII

Oh ! quand je dors, viens auprès de ma couche,
Comme à Pétrarque apparaissait Laura,
Et qu'en passant ton haleine me touche... —
    Soudain ma bouche
    S'entr'ouvrira !

Sur mon front morne où peut-être s'achève
Un songe noir qui trop long-temps dura,
Que ton regard comme un astre se lève... —
 Soudain mon rêve
 Rayonnera !

Puis sur ma lèvre où voltige une flamme,
Éclair d'amour que Dieu même épura,
Pose un baiser, et d'ange deviens femme... —
 Soudain mon âme
 S'éveillera !

Juin 183...

XXVIII

A UNE JEUNE FEMME.

A UNE JEUNE FEMME.

Voyez-vous, un parfum éveille la pensée.
Repliez, belle enfant par l'aube caressée,
Cet éventail ailé, pourpre, or et vermillon,
Qui tremble dans vos mains comme un grand papillon,

Et puis écoutez-moi : — Dieu fait l'odeur des roses
Comme il fait un abîme, avec autant de choses.
Celle-ci, qui se meurt sur votre sein charmant,
N'aurait pas ce parfum qui monte doucement
Comme un encens divin vers votre beauté pure,
Si sa tige, parmi l'eau, l'air et la verdure,
Dans la création prenant sa part de tout,
N'avait profondément plongé par quelque bout,
Pauvre et fragile fleur pour tous les vents béante,
Au sein mystérieux de la terre géante.
Là, par un lent travail que Dieu lui seul connaît,
Fraîcheur du flot qui court, blancheur du jour qui naît,
Souffle de ce qui coule, ou végète, ou se traîne,
L'esprit de ce qui vit dans la nuit souterraine,
Fumée, onde, vapeur, de loin comme de près,
— Non sans faire avec tout des échanges secrets, —
Elle a dérobé tout, son calme à l'antre sombre,
Au diamant sa flamme, à la forêt son ombre,
Et peut-être, qui sait? sur l'aile du matin
Quelque ineffable haleine à l'océan lointain !

Et, vivant alambic que Dieu lui-même forme,
Où filtre et se répand la terre, vase énorme,
Avec les bois, les champs, les nuages, les eaux,
Et l'air tout pénétré des chansons des oiseaux,
La racine, humble, obscure, au travail résignée,
Pour la superbe fleur par le soleil baignée,
A, sans en rien garder, fait ce parfum si doux
Qui vient si mollement de la nature à vous,
Qui vous charme, et se mêle à votre esprit, madame,
Car l'âme d'une fleur parle au cœur d'une femme.

Encore un mot, et puis je vous laisse rêver.
Pour qu'atteignant au but où tout doit s'élever,
Chaque chose ici-bas prenne un attrait suprême,
Pour que la fleur embaume et pour que la vierge aime,
Pour que, puisant la vie au grand centre commun,
La corolle ait une âme et la femme un parfum,

Sous le soleil qui luit, sous l'amour qui fascine,
Il faut, fleur ou beauté, tenir par la racine,
L'une au monde idéal, l'autre au monde réel,
Les roses à la terre et les femmes au ciel.

Mars 183...

XXIX

A LOUIS B.

XXIX

A LOUIS B.

A LOUIS B.

O Louis, je songeais! — Baigné d'ombre sereine,
Le soir tombait; des feux scintillaient dans la plaine;
Les vastes flots berçaient le nid de l'alcyon ;
J'écoutais vers le ciel, où toute aube commence,

Monter confusément une louange immense
Des deux extrémités de la création.

Ce que Dieu fit petit chantait dans son délire
Tout ce que Dieu fait grand, et je voyais sourire
Le colosse à l'atôme et l'étoile au flambeau ;
La nature semblait n'avoir qu'une âme aimante.
La montagne disait : Que la fleur est charmante !
Le moucheron disait : Que l'océan est beau !

Août 1839.

XXX

A cette terre où l'on ploie
Sa tente au déclin du jour,
Ne demande pas la joie;
Contente-toi de l'amour!

Excepté lui, tout s'efface.
La vie est un sombre lieu
Où chaque chose qui passe
Ébauche l'homme pour Dieu.

L'homme est l'arbre à qui la sève
Manque avant qu'il soit en fleur.
Son sort jamais ne s'achève
Que du côté du malheur.

Tous cherchent la joie ensemble ;
L'espoir rit à tout venant ;
Chacun tend sa main qui tremble
Vers quelque objet rayonnant.

Mais vers toute âme, humble ou fière,
Le malheur monte à pas lourds,

Comme un spectre aux pieds de pierre;
Le reste flotte toujours!

Tout nous manque, hormis la peine!
Le bonheur, pour l'homme en pleurs,
N'est qu'une figure vaine
De choses qui sont ailleurs.

L'espoir, c'est l'aube incertaine;
Sur notre but sérieux
C'est la dorure lointaine
D'un rayon mystérieux.

C'est le reflet, brume ou flamme,
Que dans leur calme éternel
Versent d'en haut sur notre âme
Les félicités du ciel.

Ce sont les visions blanches
Qui, jusqu'à nos yeux maudits,
Viennent à travers les branches
Des arbres du paradis !

C'est l'ombre que sur nos grèves
Jettent ces arbres charmants
Dont l'âme entend dans ses rêves
Les vagues frissonnements !

Ce reflet des biens sans nombre,
Nous l'appelons le bonheur ;
Et nous voulons saisir l'ombre
Quand la chose est au Seigneur !

Va, si haut nul ne s'élève ;
Sur terre il faut demeurer ;

On sourit de ce qu'on rêve,
Mais ce qu'on a, fait pleurer.

Puisqu'un Dieu saigne au Calvaire,
Ne nous plaignons pas, crois-moi.
Souffrons ! c'est la loi sévère.
Aimons ! c'est la douce loi.

Aimons ! soyons deux ! Le sage
N'est pas seul dans son vaisseau.
Les deux yeux font le visage ;
Les deux ailes font l'oiseau.

Soyons deux ! — Tout nous convie
A nous aimer jusqu'au soir.
N'ayons à deux qu'une vie !
N'ayons à deux qu'un espoir !

Dans ce monde de mensonges,
Moi, j'aimerai mes douleurs,
Si mes rêves sont tes songes,
Si mes larmes sont tes pleurs!

Mai 183...

XXXI

RENCONTRE.

RENCONTRE.

Après avoir donné son aumône au plus jeune,
Pensif, il s'arrêta pour les voir.— Un long jeûne
Avait maigri leur joue, avait flétri leur front.
Ils s'étaient tous les quatre à terre assis en rond,

Puis, s'étant partagé, comme feraient des anges,
Un morceau de pain noir ramassé dans nos fanges,
Ils mangeaient, mais d'un air si morne et si navré
Qu'en les voyant ainsi toute femme eût pleuré.
C'est qu'ils étaient perdus sur la terre où nous sommes,
Et tout seuls, quatre enfants, dans la foule des hommes !
— Oui, sans père ni mère ! — et pas même un grenier ;
Pas d'abri ; tous pieds nus, excepté le dernier,
Qui traînait, pauvre amour ! sous son pied qui chancelle,
De vieux souliers trop grands noués d'une ficelle.
Dans des fossés, la nuit, ils dorment bien souvent.
Aussi, comme ils ont froid, le matin, en plein vent,
Quand l'arbre, frissonnant au cri de l'alouette,
Dresse sur un ciel clair sa noire silhouette !
Leurs mains rouges étaient roses quand Dieu les fit.
Le dimanche, au hameau cherchant un vil profit,
Ils errent. Le petit, sous sa pâleur malsaine,
Chante, sans la comprendre, une chanson obscène,
Pour faire rire, — hélas ! lui qui pleure en secret ! —
Quelque immonde vieillard au seuil d'un cabaret ;

Si bien que, quelquefois, du bouge qui s'égaie
Il tombe à leur faim sombre une abjecte monnaie,
Aumône de l'enfer que jette le péché,
Sou hideux sur lequel le démon a craché !
Pour l'instant, ils mangeaient derrière une broussaille,
Cachés, et plus tremblants que le faon qui tressaille,
Car souvent on les bat, on les chasse toujours !
C'est ainsi qu'innocents condamnés, tous les jours
Ils passent, affamés, sous mes murs, sous les vôtres,
Et qu'ils vont au hasard, l'aîné menant les autres.

Alors, lui qui rêvait, il regarda là-haut ;
Et son œil ne vit rien que l'éther calme et chaud,
Le soleil bienveillant, l'air plein d'ailes dorées,
Et la sérénité des voûtes azurées,
Et le bonheur, les cris, les rires triomphants
Qui des oiseaux du ciel tombaient sur ces enfants.

Juin 1839.

XXXII

Quand vous vous assemblez, bruyante multitude,
Pour aller le traquer jusqu'en sa solitude,
Vous excitant l'un l'autre, acharnés, furieux,
— Ne le sentez-vous pas ? — le peuple sérieux,

Qui rêvait à vos cris un dragon dans son antre,
Avec la flamme aux yeux, avec l'écaille au ventre,
S'étonne de ne voir d'autre objet à vos coups
Que cet homme pensif, mystérieux et doux.

Avril 1839.

XXXIII

L'OMBRE.

L'OMBRE.

Il lui disait : — Vos chants sont tristes. Qu'avez-vous ?
Ange inquiet, quels pleurs mouillent vos yeux si doux ?
Pourquoi, pauvre âme tendre, inclinée et fidèle,
Comme un jonc que le vent a ployé d'un coup d'aile,

Pencher votre beau front assombri par instants?
Il faut vous réjouir, car voici le printemps,
Avril, saison dorée, où parmi les zéphires,
Les parfums, les chansons, les baisers, les sourires,
Et les charmants propos qu'on dit à demi-voix,
L'amour revient aux cœurs comme la feuille aux bois?

Elle lui répondit de sa voix grave et douce :
— Ami, vous êtes fort. Sûr du Dieu qui vous pousse,
L'œil fixé sur un but, vous marchez droit et fier,
Sans la peur de demain, sans le souci d'hier,
Et rien ne peut troubler, pour votre âme ravie,
La belle vision qui vous cache la vie.
Mais moi je pleure! — Morne, attachée à vos pas,
Atteinte à tous ces coups que vous ne sentez pas,
Cœur fait, moins l'espérance, à l'image du vôtre,
Je souffre dans ce monde et vous chantez dans l'autre.

Tout m'attriste, avenir que je vois à faux jour,
Aigreur de la raison qui querelle l'amour,
Et l'âcre jalousie alors qu'une autre femme
Veut tirer de vos yeux un regard de votre âme,
Et le sort qui nous frappe et qui n'est jamais las.
Plus le soleil reluit, plus je suis sombre, hélas!
Vous allez, moi je suis; vous marchez, moi je tremble;
Et tandis que, formant mille projets ensemble,
Vous semblez ignorer, passant robuste et doux,
Tous les angles que fait le monde autour de nous,
Je me traîne après vous, pauvre femme blessée.
D'un corps resté debout l'ombre est parfois brisée.

Avril 183...

XXXIV

TRISTESSE D'OLYMPIO.

TRISTESSE D'OLYMPIO.

Les champs n'étaient point noirs, les cieux n'étaient pas mornes;
Non, le jour rayonnait dans un azur sans bornes
    Sur la terre étendu,
L'air était plein d'encens et les prés de verdures

Quand il revit ces lieux où par tant de blessures
    Son cœur s'est répandu !

L'automne souriait ; les coteaux vers la plaine
Penchaient leurs bois charmants qui jaunissaient à peine ;
    Le ciel était doré ;
Et les oiseaux, tournés vers celui que tout nomme,
Disant peut-être à Dieu quelque chose de l'homme,
    Chantaient leur chant sacré !

Il voulut tout revoir, l'étang près de la source,
La masure où l'aumône avait vidé leur bourse,
    Le vieux frêne plié,
Les retraites d'amour au fond des bois perdues,
L'arbre où dans les baisers leurs âmes confondues
    Avaient tout oublié !

Il chercha le jardin, la maison isolée,
La grille d'où l'œil plonge en une oblique allée,
    Les vergers en talus.
Pâle, il marchait. — Au bruit de son pas grave et sombre
Il voyait à chaque arbre, hélas! se dresser l'ombre
    Des jours qui ne sont plus!

Il entendait frémir dans la forêt qu'il aime
Ce doux vent qui, faisant tout vibrer en nous-même,
    Y réveille l'amour,
Et, remuant le chêne ou balançant la rose,
Semble l'âme de tout qui va sur chaque chose
    Se poser tour à tour!

Les feuilles qui gisaient dans le bois solitaire,
S'efforçant sous ses pas de s'élever de terre,

Couraient dans le jardin ;
Ainsi, parfois, quand l'âme est triste, nos pensées
S'envolent un moment sur leurs ailes blessées,
Puis retombent soudain.

Il contempla long-temps les formes magnifiques
Que la nature prend dans les champs pacifiques ;
Il rêva jusqu'au soir ;
Tout le jour il erra le long de la ravine,
Admirant tour à tour le ciel, face divine,
Le lac, divin miroir !

Hélas ! se rappelant ses douces aventures,
Regardant, sans entrer, par dessus les clôtures,
Ainsi qu'un paria,
Il erra tout le jour. Vers l'heure où la nuit tombe,

Il se sentit le cœur triste comme une tombe,
    Alors il s'écria :

— « O douleur ! j'ai voulu, moi, dont l'âme est troublée,
Savoir si l'urne encor conservait la liqueur,
Et voir ce qu'avait fait cette heureuse vallée
De tout ce que j'avais laissé là de mon cœur !

» Que peu de temps suffit pour changer toutes choses !
Nature au front serein, comme vous oubliez !
Et comme vous brisez dans vos métamorphoses
Les fils mystérieux où nos cœurs sont liés !

» Nos chambres de feuillage en halliers sont changées ;
L'arbre où fut notre chiffre est mort ou renversé ;

Nos roses dans l'enclos ont été ravagées
Par les petits enfants qui sautent le fossé !

» Un mur clôt la fontaine où, par l'heure échauffée,
Folâtre, elle buvait en descendant des bois ;
Elle prenait de l'eau dans sa main, douce fée,
Et laissait retomber des perles de ses doigts !

» On a pavé la route âpre et mal aplanie,
Où, dans le sable pur se dessinant si bien,
Et de sa petitesse étalant l'ironie,
Son pied charmant semblait rire à côté du mien !

» La borne du chemin, qui vit des jours sans nombre,
Où jadis pour m'attendre elle aimait à s'asseoir,
S'est usée en heurtant, lorsque la route est sombre,
Les grands chars gémissants qui reviennent le soir.

» La forêt ici manque et là s'est agrandie.
De tout ce qui fut nous presque rien n'est vivant ;
Et, comme un tas de cendre éteinte et refroidie,
L'amas des souvenirs se disperse à tout vent !

» N'existons-nous donc plus ? Avons-nous eu notre heure ?
Rien ne la rendra-t-il à nos cris superflus ?
L'air joue avec la branche au moment où je pleure ;
Ma maison me regarde et ne me connaît plus.

» D'autres vont maintenant passer où nous passâmes.
Nous y sommes venus, d'autres vont y venir ;
Et le songe qu'avaient ébauché nos deux âmes,
Ils le continueront sans pouvoir le finir !

» Car personne ici-bas ne termine et n'achève ;
Les pires des humains sont comme les meilleurs ;

Nous nous réveillons tous au même endroit du rêve.
Tout commence en ce monde et tout finit ailleurs.

» Oui, d'autres à leur tour viendront, couples sans tache,
Puiser dans cet asile heureux, calme, enchanté,
Tout ce que la nature à l'amour qui se cache
Mêle de rêverie et de solennité !

» D'autres auront nos champs, nos sentiers, nos retraites.
Ton bois, ma bien-aimée, est à des inconnus.
D'autres femmes viendront, baigneuses indiscrètes,
Troubler le flot sacré qu'ont touché tes pieds nus !

» Quoi donc ! c'est vainement qu'ici nous nous aimâmes !
Rien ne nous restera de ces coteaux fleuris
Où nous fondions notre être en y mêlant nos flammes !
L'impassible nature a déjà tout repris.

»Oh! dites-moi, ravins, frais ruisseaux, treilles mûres,
Rameaux chargés de nids, grottes, forêts, buissons,
Est-ce que vous ferez pour d'autres vos murmures ?
Est-ce que vous direz à d'autres vos chansons ?

» Nous vous comprenions tant! doux, attentifs, austères,
Tous nos échos s'ouvraient si bien à votre voix !
Et nous prêtions si bien, sans troubler vos mystères,
L'oreille aux mots profonds que vous dites parfois !

» Répondez, vallon pur, répondez, solitude,
O nature abritée en ce désert si beau,
Lorsque nous dormirons tous deux dans l'attitude
Que donne aux morts pensifs la forme du tombeau ;

» Est-ce que vous serez à ce point insensible
De nous savoir couchés, morts avec nos amours,

Et de continuer votre fête paisible,
Et de toujours sourire et de chanter toujours?

» Est-ce que, nous sentant errer dans vos retraites,
Fantômes reconnus par vos monts et vos bois,
Vous ne nous direz pas de ces choses secrètes
Qu'on dit en revoyant des amis d'autrefois?

» Est-ce que vous pourrez, sans tristesse et sans plainte,
Voir nos ombres flotter où marchèrent nos pas,
Et la voir m'entraîner, dans une morne étreinte,
Vers quelque source en pleurs qui sanglotte tout bas?

» Et s'il est quelque part, dans l'ombre où rien ne veille,
Deux amants sous vos fleurs abritant leurs transports,
Ne leur irez-vous pas murmurer à l'oreille :
— « Vous qui vivez, donnez une pensée aux morts! »

»Dieu nous prête un moment les prés et les fontaines,
Les grands bois frissonnants, les rocs profonds et sourds,
Et les cieux azurés et les lacs et les plaines,
Pour y mettre nos cœurs, nos rêves, nos amours !

» Puis il nous les retire. Il souffle notre flamme.
Il plonge dans la nuit l'antre où nous rayonnons ;
Et dit à la vallée, où s'imprima notre âme,
D'effacer notre trace et d'oublier nos noms.

» Eh bien ! oubliez-nous, maison, jardin, ombrages !
Herbe, use notre seuil ! ronce, cache nos pas !
Chantez, oiseaux ! ruisseaux, coulez ! croissez, feuillages !
Ceux que vous oubliez ne vous oublieront pas.

» Car vous êtes pour nous l'ombre de l'amour même!
Vous êtes l'oasis qu'on rencontre en chemin !

Vous êtes, ô vallon, la retraite suprême
Où nous avons pleuré nous tenant par la main !

» Toutes les passions s'éloignent avec l'âge,
L'une emportant son masque et l'autre son couteau,
Comme un essaim chantant d'histrions en voyage
Dont le groupe décroît derrière le coteau.

» Mais toi, rien ne t'efface, Amour ! toi qui nous charmes,
Toi qui, torche ou flambeau, luis dans notre brouillard !
Tu nous tiens par la joie et surtout par les larmes ;
Jeune homme on te maudit, on t'adore vieillard.

» Dans ces jours où la tête au poids des ans s'incline,
Où l'homme, sans projets, sans but, sans visions,
Sent qu'il n'est déjà plus qu'une tombe en ruine
Où gisent ses vertus et ses illusions ;

»Quand notre âme en rêvant descend dans nos entrailles,
Comptant dans notre cœur, qu'enfin la glace atteint,
Comme on compte les morts sur un champ de bataille,
Chaque douleur tombée et chaque songe éteint,

» Comme quelqu'un qui cherche en tenant une lampe,
Loin des objets réels, loin du monde rieur,
Elle arrive à pas lents par une obscure rampe
Jusqu'au fond désolé du gouffre intérieur ;

» Et là, dans cette nuit qu'aucun rayon n'étoile,
L'âme, en un repli sombre où tout semble finir,
Sent quelque chose encor palpiter sous un voile... —
C'est toi qui dors dans l'ombre, ô sacré souvenir ! »

Octobre 183...

XXXV

QUE LA MUSIQUE
DATE DU SEIZIÈME SIÈCLE.

QUE LA MUSIQUE

DATE DU SEIZIÈME SIÈCLE.

I

O vous, mes vieux amis, si jeunes autrefois,
Qui comme moi des jours avez porté le poids,
Qui de plus d'un regret frappez la tombe sourde,
Et qui marchez courbés, car la sagesse est lourde;

Mes amis ! qui de vous, qui de nous n'a souvent,
Quand le deuil à l'œil sec, au visage rêvant,
Cet ami sérieux qui blesse et qu'on révère,
Avait sur notre front posé sa main sévère,
Qui de nous n'a cherché le calme dans un chant !
Qui n'a, comme une sœur qui guérit en touchant,
Laissé la mélodie entrer dans sa pensée !
Et, sans heurter des morts la mémoire bercée,
N'a retrouvé le rire et les pleurs à la fois
Parmi les instruments, les flûtes et les voix !

Qui de nous, quand sur lui quelque douleur s'écoule,
Ne s'est glissé, vibrant au souffle de la foule,
Dans le théâtre empli de confuses rumeurs !
Comme un soupir parfois se perd dans des clameurs,
Qui n'a jeté son âme, à ces âmes mêlée,
Dans l'orchestre où frissonne une musique ailée,
Où la marche guerrière expire en chant d'amour,
Où la basse en pleurant apaise le tambour !

II

Écoutez ! écoutez ! du maître qui palpite,
Sur tous les violons l'archet se précipite.
L'orchestre tressaillant rit dans son antre noir.
Tout parle. C'est ainsi qu'on entend sans les voir,
Le soir, quand la campagne élève un sourd murmure,
Rire les vendangeurs dans une vigne mûre.
Comme sur la colonne un frêle chapiteau,
La flûte épanouie a monté sur l'alto.
Les gammes, chastes sœurs dans la vapeur cachées,
Vidant et remplissant leurs amphores penchées,
Se tiennent par la main et chantent tour à tour,
Tandis qu'un vent léger fait flotter à l'entour,

Comme un voile folâtre autour d'un divin groupe,
Ces dentelles du son que le fifre découpe.
Ciel ! voilà le clairon qui sonne. A cette voix,
Tout s'éveille en sursaut, tout bondit à la fois.
La caisse aux mille échos, battant ses flancs énormes,
Fait hurler le troupeau des instruments difformes,
Et l'air s'emplit d'accords furieux et sifflants
Que les serpents de cuivre ont tordus dans leurs flancs.
Vaste tumulte où passe un hautbois qui soupire !
Soudain du haut en bas le rideau se déchire ;
Plus sombre et plus vivante à l'œil qu'une forêt,
Toute la symphonie en un hymne apparaît.
Puis, comme en un chaos qui reprendrait un monde,
Tout se perd dans les plis d'une brume profonde.
Chaque forme du chant passe en disant : Assez !
Les sons étincelants s'éteignent dispersés.
Une nuit qui répand ses vapeurs agrandies
Efface le contour des vagues mélodies,
Telles que des esquifs dont l'eau couvre les mâts ;
Et la strette, jetant sur leur confus amas

Ses tremblantes lueurs largement étalées,
Retombe dans cette ombre en grappes étoilées !

O concert qui s'envole en flamme à tous les vents !
Gouffre où le crescendo gonfle ses flots mouvants !
Comme l'âme s'émeut ! comme les cœurs écoutent !
Et comme cet archet d'où les notes dégouttent,
Tantôt dans la lumière et tantôt dans la nuit,
Remue avec fierté cet orage de bruit !

III

Puissant Palestrina, vieux maître, vieux génie,
Je vous salue ici, père de l'harmonie,
Car ainsi qu'un grand fleuve où boivent les humains,
Toute cette musique a coulé de vos mains !

Car Gluck et Beethoven, rameaux sous qui l'on rêve,
Sont nés de votre souche et faits de votre sève !
Car Mozart, votre fils, a pris sur vos autels
Cette nouvelle lyre inconnue aux mortels,
Plus tremblante que l'herbe au souffle des aurores,
Née au seizième siècle entre vos doigts sonores !
Car, maître ! c'est à vous que tous nos soupirs vont
Sitôt qu'une voix chante et qu'une âme répond !

Oh ! ce maître, pareil au créateur qui fonde,
Comment fit-il jaillir de sa tête profonde
Cet univers de sons, doux et sombre à la fois,
Écho du Dieu caché dont le monde est la voix ?
Où ce jeune homme, enfant de la blonde Italie,
Prit-il cette âme immense et jusqu'aux bords remplie ?
Quel souffle, quel travail, quelle intuition
Fit de lui ce géant, dieu de l'émotion,

Vers qui se tourne l'œil qui pleure et qui s'essuie,
Sur qui tout un côté du cœur humain s'appuie?
D'où lui vient cette voix qu'on écoute à genoux?
Et qui donc verse en lui ce qu'il reverse en nous?

IV

O mystère profond des enfances sublimes!
Qui fait naître la fleur au penchant des abîmes,
Et le poëte au bord des sombres passions?
Quel dieu lui trouble l'œil d'étranges visions?
Quel dieu lui montre l'astre au milieu des ténèbres,
Et, comme sous un crêpe aux plis noirs et funèbres
On voit d'une beauté le sourire enivrant,
L'idéal à travers le réel transparent?

Qui donc prend par la main un enfant dès l'aurore
Pour lui dire : — « En ton âme il n'est pas jour encore.
Enfant de l'homme ! avant que de son feu vainqueur
Le midi de la vie ait desséché ton cœur,
Viens, je vais t'entr'ouvrir des profondeurs sans nombre.
Viens, je vais de clarté remplir tes yeux pleins d'ombre !
Viens ! écoute avec moi ce qu'on explique ailleurs,
Le bégaiement confus des sphères et des fleurs ;
Car, enfant, astre au ciel ou rose dans la haie,
Toute chose innocente ainsi que toi bégaie !
Tu seras le poète, un homme qui voit Dieu.
Ne crains pas la science, âpre sentier de feu,
Route austère, il est vrai, mais des grands cœurs choisie,
Que la religion et que la poésie
Bordent des deux côtés de leur buisson fleuri.
Quand tu peux en chemin, ô bel enfant chéri,
Cueillir l'épine blanche et les clochettes bleues,
Ton petit pas se joue avec les grandes lieues.
Ne crains donc pas l'ennui, ni la fatigue. — Viens !
Écoute la nature aux vagues entretiens.

Entends sous chaque objet sourdre la parabole.
Sous l'être universel vois l'éternel symbole ;
Et l'homme et le destin, et l'arbre et la forêt ;
Les noirs tombeaux, sillons où germe le regret ;
Et, comme à nos douleurs des branches attachées,
Les consolations sur notre front penchées ;
Et, pareil à l'esprit du juste radieux,
Le soleil, cette gloire épanouie aux cieux ! »

V

Dieu ! que Palestrina, dans l'homme et dans les choses,
Dut entendre de voix joyeuses et moroses !
Comme on sent qu'à cet âge où notre cœur sourit,
Où lui déjà pensait, il a dans son esprit

Emporté, comme un fleuve à l'onde fugitive,
Tout ce que lui jetait la nuée ou la rive !
Comme il s'est promené, tout enfant, tout pensif,
Dans les champs, et, dès l'aube, au fond du bois massif,
Et près du précipice, épouvante des mères !
Tour à tour noyé d'ombre, ébloui de chimères,
Comme il ouvrait son âme alors que le printemps
Trempe la berge en fleurs dans l'eau des clairs étangs,
Que le lierre remonte aux branches favorites,
Que l'herbe aux boutons d'or mêle les marguerites !

A cette heure indécise où le jour va mourir,
Où tout s'endort, le cœur oubliant de souffrir,
Les oiseaux de chanter et les troupeaux de paître,
Que de fois sous ses yeux un chariot champêtre,
Groupe vivant de bruit, de chevaux et de voix,
A gravi, sur le flanc du coteau dans les bois,
Quelque route creusée entre les ocres jaunes ;
Tandis que, près d'une eau qui fuyait sous les aulnes,

Il écoutait gémir dans les brumes du soir
Une cloche enrouée au fond d'un vallon noir !

Que de fois, épiant la rumeur des chaumières,
Le brin d'herbe moqueur qui siffle entre deux pierres,
Le cri plaintif du soc gémissant et traîné,
Le nid qui jase au fond du cloître ruiné
D'où l'ombre se répand sur les tombes des moines,
Le champ doré par l'aube où causent les avoines
Qui pour nous voir passer, ainsi qu'un peuple heureux,
Se penchent en tumulte au bord du chemin creux,
L'abeille qui gaîment chante et parle à la rose,
Parmi tous ces objets dont l'être se compose,
Que de fois il rêva, scrutateur ténébreux,
Cherchant à s'expliquer ce qu'ils disaient entre eux !

Et chaque soir, après ses longues promenades,
Laissant sous les balcons rire les sérénades,

Quand il s'en revenait content, grave et muet,
Quelque chose de plus dans son cœur remuait.
Mouche, il avait son miel ; arbuste, sa rosée.
Il en vint par degrés à ce qu'en sa pensée
Tout vécut. — Saint travail que les poètes font ! —
Dans sa tête, pareille à l'univers profond,
L'air courait, les oiseaux chantaient, la flamme et l'onde
Se courbaient, la moisson dorait la terre blonde,
Et les toits et les monts et l'ombre qui descend
Se mêlaient, et le soir venait, sombre et chassant
La brute vers son antre et l'homme vers son gîte,
Et les hautes forêts, qu'un vent du ciel agite,
Joyeuses de renaître au départ des hivers,
Secouaient follement leurs grands panaches verts!

C'est ainsi qu'esprit, forme, ombre, lumière et flamme,
L'urne du monde entier s'épancha dans son âme!

VI

Ni peintre, ni sculpteur! Il fut musicien.
Il vint, nouvel Orphée, après l'Orphée ancien ;
Et, comme l'océan n'apporte que sa vague,
Il n'apporta que l'art du mystère et du vague!
La lyre qui tout bas pleure en chantant bien haut!
Qui verse à tous un son où chacun trouve un mot!
Le luth où se traduit, plus ineffable encore,
Le rêve inexprimé qui s'efface à l'aurore!
Car il ne voyait rien par l'angle étincelant ;
Car son esprit, du monde immense et fourmillant
Qui pour ses yeux nageait dans l'ombre indéfinie,
Éteignait la couleur et tirait l'harmonie!

Aussi toujours son hymne, en descendant des cieux,
Pénètre dans l'esprit par le côté pieux,
Comme un rayon des nuits par un vitrail d'église!
En écoutant ses chants que l'âme idéalise,
Il semble, à ces accords qui, jusqu'au cœur touchant,
Font sourire le juste et songer le méchant,
Qu'on respire un parfum d'encensoirs et de cierges,
Et l'on croit voir passer un de ces anges-vierges
Comme en rêvait Giotto, comme Dante en voyait,
Êtres sereins posés sur ce monde inquiet,
A la prunelle bleue, à la robe d'opale,
Qui, tandis qu'au milieu d'un azur déjà pâle
Le point d'or d'une étoile éclate à l'orient,
Dans un beau champ de trèfle errent en souriant !

VII

Heureux ceux qui vivaient dans ce siècle sublime
Où, du génie humain dorant encor la cime,
Le vieux soleil gothique à l'horizon mourait !
Où déjà, dans la nuit emportant son secret,
La cathédrale morte en un sol infidèle
Ne faisait plus jaillir d'églises autour d'elle !
Ère immense obstruée encore à tous degrés,
Ainsi qu'une Babel aux abords encombrés,
De donjons, de beffrois, de flèches élancées,
D'édifices construits pour toutes les pensées ;
De génie et de pierre énorme entassement ;
Vaste amas d'où le jour s'en allait lentement !

Siècle mystérieux où la science sombre
De l'antique Dédale agonisait dans l'ombre,
Tandis qu'à l'autre bout de l'horizon confus,
Entre Tasse et Luther, ces deux chênes touffus,
Sereine, et blanchissant de sa lumière pure
Ton dôme merveilleux, ô sainte Architecture,
Dans ce ciel, qu'Albert Dure admirait à l'écart,
La Musique montait, cette lune de l'art!

Mai 1837.

XXXVI

LA STATUE.

LA STATUE.

Il semblait grelotter, car la bise était dure.
C'était, sous un amas de rameaux sans verdure,
Une pauvre statue, au dos noir, au pied vert;
Un vieux faune isolé dans le vieux parc désert,

Qui, de son front penché touchant aux branches d'arbre,
Se perdait à mi-corps dans sa gaîne de marbre.

Il était là, pensif, à la terre lié,
Et, comme toute chose immobile, — oublié !

Des arbres l'entouraient, fouettés d'un vent de glace,
Et comme lui vieillis à cette même place ;
Des marroniers géants, sans feuilles, sans oiseaux.
Sous leurs taillis brouillés en ténébreux réseaux,
Pâle, il apparaissait, et la terre était brune.
Une âpre nuit d'hiver, sans étoile et sans lune,
Tombait à larges pans dans le brouillard diffus.
D'autres arbres plus loin croisaient leurs sombres fûts ;
Plus loin d'autres encore, estompés par l'espace,
Poussaient dans le ciel gris où le vent du soir passe

Mille petits rameaux noirs, tordus et mêlés,
Et se posaient partout, l'un par l'autre voilés,
Sur l'horizon, perdu dans les vapeurs informes,
Comme un grand troupeau roux de hérissons énormes.

Rien de plus. Ce vieux faune, un ciel morne, un bois noir.

Peut-être dans la brume au loin pouvait-on voir
Quelque longue terrasse aux verdâtres assises,
Ou, près d'un grand bassin, des nymphes indécises,
Honteuses à bon droit dans ce parc aboli,
Autrefois des regards, maintenant de l'oubli.

Le vieux faune riait. — Dans leurs ombres douteuses
Laissant le bassin triste et les nymphes honteuses,

Le vieux faune riait, c'est à lui que je vins ;
Ému, car sans pitié tous ces sculpteurs divins
Condamnent pour jamais, contents qu'on les admire,
Les nymphes à la honte et les faunes au rire.

Moi, j'ai toujours pitié du pauvre marbre obscur,
De l'homme moins souvent, parce qu'il est plus dur.

Et sans froisser d'un mot son oreille blessée,
Car le marbre entend bien la voix de la pensée,
Je lui dis : — « Vous étiez du beau siècle amoureux.
Sylvain, qu'avez-vous vu quand vous étiez heureux?
Vous étiez de la cour ? Vous assistiez aux fêtes ?
C'est pour vous divertir que ces nymphes sont faites.
C'est pour vous, dans ce bois, que de savantes mains
Ont mêlé les dieux grecs et les césars romains,

Et, dans les claires eaux mirant les vases rares,
Tordu tout ce jardin en dédales bizarres.
Quand vous étiez heureux, qu'avez-vous vu, Sylvain?
Contez-moi les secrets de ce passé trop vain,
De ce passé charmant, plein de flammes discrètes,
Où parmi les grands rois croissaient les grands poètes.
Que de frais souvenirs dont encor vous riez!
Parlez-moi, beau Sylvain, comme vous parleriez
A l'arbre, au vent qui souffle, à l'herbe non foulée.
D'un bout à l'autre bout de cette épaisse allée,
Avez-vous quelquefois, moqueur antique et grec,
Quand près de vous passait avec le beau Lautrec
Marguerite aux doux yeux, la reine béarnaise,
Lancé votre œil oblique à l'Hercule Farnèse?
Seul sous votre antre vert de feuillage mouillé,
O Sylvain complaisant, avez-vous conseillé,
Vous tournant vers chacun du côté qui l'attire,
Racan comme berger, Regnier comme satyre?
Avez-vous vu parfois, sur ce banc, vers midi,
Suer Vincent de Paule à façonner Gondi?

Faune! avez-vous suivi de ce regard étrange
Anne avec Buckingham, Louis avec Fontange,
Et se retournaient-ils, la rougeur sur le front,
En vous entendant rire au coin du bois profond?
Étiez-vous consulté sur le thyrse ou le lierre,
Lorsqu'en un grand ballet de forme singulière
La cour du dieu Phœbus ou la cour du dieu Pan
Du nom d'Amaryllis enivraient Montespan?
Fuyant des courtisans les oreilles de pierre,
La Fontaine vint-il, les pleurs dans la paupière,
De ses nymphes de Vaux vous conter les regrets?
Que vous disait Boileau, que vous disait Segrais,
A vous, faune lettré qui jadis dans l'églogue
Aviez avec Virgile un charmant dialogue,
Et qui faisiez sauter, sur le gazon naissant,
Le lourd spondée au pas du dactyle dansant?
Avez-vous vu jouer les beautés dans les herbes,
Chevreuse aux yeux noyés, Thiange aux airs superbes?
Vous ont-elles parfois de leur groupe vermeil
Entouré follement, si bien que le soleil

Découpait tout-à-coup, en perçant quelque nue,
Votre profil lascif sur leur gorge ingénue?
Votre arbre a-t-il reçu sous son abri serein
L'écarlate linceul du pâle Mazarin?
Avez-vous eu l'honneur de voir rêver Molière?
Vous a-t-il quelquefois, d'une voix familière,
Vous jetant brusquement un vers mélodieux,
Tutoyé, comme on fait entre les demi-dieux?
En revenant un soir du fond des avenues,
Ce penseur, qui, voyant les âmes toutes nues,
Ne pouvait avoir peur de votre nudité,
A l'homme en son esprit vous a-t-il confronté?
Et vous a-t-il trouvé, vous, le spectre cynique,
Moins triste, moins méchant, moins froid, moins ironique,
Alors qu'il comparait, s'arrêtant en chemin,
Votre rire de marbre à notre rire humain? »

Ainsi je lui parlais sous l'épaisse ramure.
Il ne répondit pas même par un murmure.

J'écoutais, incliné sur le marbre glacé,
Mais je n'entendis rien remuer du passé.
La blafarde lueur du jour qui se retire
Blanchissait vaguement l'immobile satyre,
Muet à ma parole et sourd à ma pitié.
A le voir là, sinistre, et sortant à moitié
De son fourreau noirci par l'humide feuillée,
On eût dit la poignée en torse ciselée
D'un vieux glaive rouillé qu'on laisse dans l'étui.

Je secouai la tête et m'éloignai de lui.
Alors des buissons noirs, des branches desséchées
Comme des sœurs en deuil sur sa tête penchées,
Et des antres secrets dispersés dans les bois,
Il me sembla soudain qu'il sortait une voix,
Qui dans mon âme obscure et vaguement sonore
Éveillait un écho comme au fond d'une amphore.

— « O poëte imprudent, que fais-tu ? laisse en paix
Les faunes délaissés sous les arbres épais !
Poëte ! ignores-tu qu'il est toujours impie
D'aller, aux lieux déserts où dort l'ombre assoupie,
Secouer, par l'amour fussiez-vous entraînés,
Cette mousse qui pend aux siècles ruinés,
Et troubler, du vain bruit de vos voix indiscrètes,
Le souvenir des morts dans ses sombres retraites! »

Alors dans les jardins sous la brume enfouis
Je m'enfonçai, rêvant aux jours évanouis,
Tandis que les rameaux s'emplissaient de mystère,
Et que derrière moi le faune solitaire,
Hiéroglyphe obscur d'un antique alphabet,
Continuait de rire à la nuit qui tombait.

J'allais, et contemplant d'un regard triste encore
Tous ces doux souvenirs, beauté, printemps, aurore,

Dans l'air et sous mes pieds épars, mêlés, flottants,
Feuilles de l'autre été, femmes de l'autre temps,
J'entrevoyais au loin, sous les branchages sombres,
Des marbres dans le bois, dans le passé des ombres!

Décembre 1837.

XXXVII

J'eus toujours de l'amour pour les choses ailées.
Lorsque j'étais enfant, j'allais sous les feuillées,
J'y prenais dans les nids de tout petits oiseaux;
D'abord je leur faisais des cages de roseaux

Où je les élevais parmi des mousses vertes.
Plus tard je leur laissais les fenêtres ouvertes,
Ils ne s'envolaient point ; ou, s'ils fuyaient aux bois,
Quand je les rappelais ils venaient à ma voix.
Une colombe et moi, long-temps nous nous aimâmes.
Maintenant je sais l'art d'apprivoiser les âmes.

Avril 1840.

XXXVIII

ÉCRIT

SUR LE TOMBEAU D'UN PETIT ENFANT

AU BORD DE LA MER.

ÉCRIT SUR LE TOMBEAU D'UN PETIT ENFANT

AU BORD DE LA MER.

Vieux lierre, frais gazon, herbe, roseaux, corolles;
Église où l'esprit voit le Dieu qu'il rêve ailleurs;
Mouches qui murmurez d'ineffables paroles
A l'oreille du pâtre assoupi dans les fleurs;

Vents, flots, hymne orageux, chœur sans fin, voix sans nombre;
Bois qui faites songer le passant sérieux ;
Fruits qui tombez de l'arbre impénétrable et sombre;
Étoiles qui tombez du ciel mystérieux;

Oiseaux aux cris joyeux, vague aux plaintes profondes ;
Froid lézard des vieux murs dans les pierres tapi ;
Plaines qui répandez vos souffles sur les ondes ;
Mer où la perle éclôt, terre où germe l'épi ;

Nature d'où tout sort, nature où tout retombe,
Feuilles, nids, doux rameaux que l'air n'ose effleurer,
Ne faites pas de bruit autour de cette tombe ;
Laissez l'enfant dormir et la mère pleurer !

1840.

XXXIX

A L.

A L.

Toute espérance, enfant, est un roseau.
Dieu dans ses mains tient nos jours, ma colombe;
Il les dévide à son fatal fuseau,
Puis le fil casse et notre joie en tombe;

Car dans tout berceau
Il germe une tombe.

Jadis, vois-tu, l'avenir, pur rayon,
Apparaissait à mon âme éblouie,
Ciel avec l'astre, onde avec l'alcyon,
Fleur lumineuse à l'ombre épanouie.
Cette vision
S'est évanouie !

Si, près de toi, quelqu'un pleure en rêvant,
Laisse pleurer sans en chercher la cause.
Pleurer est doux, pleurer est bon souvent
Pour l'homme, hélas ! sur qui le sort se pose.
Toute larme, enfant,
Lave quelque chose.

Juin 1839.

XL

COERULEUM MARE.

COERULEUM MARE.

Quand je rêve sur la falaise,
Ou dans les bois, les soirs d'été,
Sachant que la vie est mauvaise,
Je contemple l'éternité.

A travers mon sort mêlé d'ombres,
J'aperçois Dieu distinctement,
Comme à travers des branches sombres
On entrevoit le firmament!

Le firmament, où les faux sages
Cherchent comme nous des conseils!
Le firmament plein de nuages,
Le firmament plein de soleils!

Un souffle épure notre fange.
Le monde est à Dieu, je le sens.
Toute fleur est une louange,
Et tout parfum est un encens.

La nuit on croit sentir Dieu même
Penché sur l'homme palpitant.

ET LES OMBRES.

La terre prie et le ciel aime.
Quelqu'un parle et quelqu'un entend.

Pourtant, toujours à notre extase,
O Seigneur, tu te dérobas !
Hélas ! tu mets là haut le vase
Et tu laisses la lèvre en bas !

Mais un jour ton œuvre profonde,
Nous la saurons, Dieu redouté !
Nous irons voir de monde en monde
S'épanouir ton unité ;

Cherchant dans ces cieux que tu règles
L'ombre de ceux que nous aimons,
Comme une troupe de grands aigles
Qui s'envole à travers les monts !

Car, lorsque la mort nous réclame,
L'esprit des sens brise le sceau !
Car la tombe est un nid où l'âme
Prend des ailes comme l'oiseau !

O songe ! ô vision sereine !
Nous saurons le secret de tout,
Et ce rayon qui sur nous traîne
Nous en pourrons voir l'autre bout !

O Seigneur ! l'humble créature
Pourra voir enfin à son tour
L'autre côté de la nature
Sur lequel tombe votre jour !

Nous pourrons comparer, poètes,
Penseurs croyant en nos raisons,

A tous les mondes que vous faites,
Tous les rêves que nous faisons !

En attendant, sur cette terre,
Nous errons, troupeau désuni,
Portant en nous ce grand mystère :
Œil borné, regard infini.

L'homme au hasard choisit sa route ;
Et toujours, quoi que nous fassions,
Comme un bouc sur l'herbe qu'il broute,
Vit courbé sur ses passions.

Nous errons, et dans les ténèbres,
Allant où d'autres sont venus,

Nous entendons des voix funèbres
Qui disent des mots inconnus.

Dans ces ombres où tout s'oublie,
Vertu, sagesse, espoir, honneur,
L'un va criant : Élie ! Élie !
L'autre appelant : Seigneur ! Seigneur !

Hélas ! tout penseur semble avide
D'épouvanter l'homme orphelin ;
Le savant dit : le ciel est vide !
Le prêtre dit : l'enfer est plein !

O deuil ! médecins sans dictames,
Vains prophètes aux yeux déçus,
L'un donne Satan à nos âmes,
L'autre leur retire Jésus !

ET LES OMBRES.

L'humanité, sans loi, sans arche,
Suivant son sentier desséché,
Est comme un voyageur qui marche
Après que le jour est couché.

Il va! la brume est sur la plaine.
Le vent tord l'arbre convulsif.
Les choses qu'il distingue à peine
Ont un air sinistre et pensif.

Ainsi, parmi de noirs décombres,
Dans ce siècle le genre humain
Passe et voit des figures sombres
Qui se penchent sur son chemin.

Nous rêveurs, sous un toit qui croule,
Fatigués, nous nous abritons,

Et nous regardons cette foule
Se plonger dans l'ombre à tâtons!

Et nous cherchons, souci morose!
Hélas! à deviner pour tous
Le problème que nous propose
Toute cette ombre autour de nous!

Tandis que, la tête inclinée,
Nous nous perdons en tristes vœux,
Le souffle de la destinée
Frissonne à travers nos cheveux.

Nous entendons, race asservie,
Ce souffle passant dans la nuit

Du livre obscur de notre vie
Tourner les pages avec bruit !

Que faire ? — A ce vent de la tombe,
Joignez les mains, baissez les yeux,
Et tâchez qu'une lueur tombe
Sur le livre mystérieux !

— D'où viendra la lueur, ô père?
Dieu dit : — De vous, en vérité.
Allumez, pour qu'il vous éclaire,
Votre cœur par quelque côté !

Quand le cœur brûle, on peut sans crainte
Lire ce qu'écrit le Seigneur.
Vertu, sous cette clarté sainte,
Est le même mot que Bonheur.

Il faut aimer ! l'ombre en vain couvre
L'œil de notre esprit, quel qu'il soit,
Croyez, et la paupière s'ouvre !
Aimez, et la prunelle voit !

Du haut des cieux qu'emplit leur flamme,
Les trop lointaines vérités
Ne peuvent au livre de l'âme
Jeter que de vagues clartés.

La nuit, nul regard ne sait lire
Aux seuls feux des astres vermeils ;
Mais l'amour près de nous vient luire.
Une lampe aide les soleils.

Pour que, dans l'ombre où Dieu nous mène,
Nous puissions lire à tous moments,

L'amour joint sa lumière humaine
Aux célestes rayonnements !

Aimez donc ! car tout le proclame,
Car l'esprit seul éclaire peu,
Et souvent le cœur d'une femme
Est l'explication de Dieu !

———

Ainsi je rêve, ainsi je songe,
Tandis qu'aux yeux des matelots

La nuit sombre à chaque instant plonge
Des groupes d'astres dans les flots !

Moi, que Dieu tient sous son empire,
J'admire, humble et religieux,
Et par tous les pores j'aspire
Ce spectacle prodigieux !

Entre l'onde, des vents bercée,
Et le ciel, gouffre éblouissant,
Toujours, pour l'œil de la pensée,
Quelque chose monte ou descend.

Goutte d'eau pure ou jet de flamme,
Ce verbe intime et non écrit
Vient se condenser dans mon âme
Ou resplendir dans mon esprit ;

Et l'idée à mon cœur sans voile,
A travers la vague ou l'éther,
Du fond des cieux arrive étoile
Ou perle du fond de la mer!

Août 1839.

XLI

Dieu qui sourit et qui donne,
Et qui vient vers qui l'attend,
Pourvu que vous soyez bonne,
    Sera content.

Le monde où tout étincelle,
Mais où rien n'est enflammé,
Pourvu que vous soyez belle,
   Sera charmé.

Mon cœur, dans l'ombre amoureuse
Où l'enivrent deux beaux yeux,
Pourvu que tu sois heureuse,
   Sera joyeux.

Janvier 1840.

XLII

—

OCEANO NOX.

OCEANO NOX.

Saint-Valery-sur-Somme.

Oh ! combien de marins, combien de capitaines
Qui sont partis joyeux pour des courses lointaines,
Dans ce morne horizon se sont évanouis !
Combien ont disparu, dure et triste fortune !

Dans une mer sans fond par une nuit sans lune,
Sous l'aveugle océan à jamais enfouis !

Combien de patrons morts avec leurs équipages !
L'ouragan de leur vie a pris toutes les pages,
Et d'un souffle il a tout dispersé sur les flots !
Nul ne saura leur fin dans l'abîme plongée.
Chaque vague en passant d'un butin s'est chargée;
L'une a saisi l'esquif, l'autre les matelots !

Nul ne sait votre sort, pauvres têtes perdues !
Vous roulez à travers les sombres étendues,
Heurtant de vos fronts morts des écueils inconnus.
Oh! que de vieux parents, qui n'avaient plus qu'un rêve,
Sont morts en attendant tous les jours sur la grève
  Ceux qui ne sont pas revenus !

On s'entretient de vous parfois dans les veillées.
Maint joyeux cercle, assis sur des ancres rouillées,
Mêle encor quelque temps vos noms d'ombre couverts
Aux rires, aux refrains, aux récits d'aventures,
Aux baisers qu'on dérobe à vos belles futures
Tandis que vous dormez dans les goëmons verts!

On demande : — Où sont-ils? sont-ils rois dans quelque ile?
Nous ont-ils délaissés pour un bord plus fertile? —
Puis votre souvenir même est enseveli.
Le corps se perd dans l'eau, le nom dans la mémoire.
Le temps, qui sur toute ombre en verse une plus noire,
Sur le sombre océan jette le sombre oubli.

Bientôt des yeux de tous votre ombre est disparue.
L'un n'a-t-il pas sa barque et l'autre sa charrue?

Seules, durant ces nuits où l'orage est vainqueur,
Vos veuves aux fronts blancs, lasses de vous attendre,
Parlent encor de vous en remuant la cendre
  De leur foyer et de leur cœur !

Et quand la tombe enfin a fermé leur paupière,
Rien ne sait plus vos noms, pas même une humble pierre
Dans l'étroit cimetière où l'écho nous répond,
Pas même un saule vert qui s'effeuille à l'automne,
Pas même la chanson naïve et monotone
Que chante un mendiant à l'angle d'un vieux pont !

Où sont-ils les marins sombrés dans les nuits noires ?
O flots ! que vous savez de lugubres histoires !

Flots profonds, redoutés des mères à genoux!
Vous vous les racontez en montant les marées,
Et c'est ce qui vous fait ces voix désespérées
Que vous avez le soir quand vous venez vers nous!

Juillet 1836.

XLIII

—

NUITS DE JUIN.

NUITS DE JUIN.

L'été, lorsque le jour a fui, de fleurs couverte,
La plaine verse au loin un parfum enivrant ;
Les yeux fermés, l'oreille aux rumeurs entr'ouverte,
On ne dort qu'à demi d'un sommeil transparent.

Les astres sont plus purs, l'ombre paraît meilleure ;
Un vague demi-jour teint le dôme éternel ;
Et l'aube douce et pâle, en attendant son heure,
Semble toute la nuit errer au bas du ciel.

1837.

XLIV

—

SAGESSE.

A MADEMOISELLE LOUISE B.

SAGESSE. — A Mlle LOUISE B.

I

—Ainsi donc rien de grand, rien de saint, rien de pur,
Rien qui soit digne, ô ciel! de ton regard d'azur,
Rien qui puisse anoblir le vil siècle où nous sommes,
Ne sortira du cœur de l'homme enfant des hommes!
Homme! esprit enfoui sous les besoins du corps!
Ainsi, jouir; descendre à tâtons chez les morts;

Être à tout ce qui rampe, à tout ce qui s'envole,
A l'intérêt sordide, à la vanité folle ;
Ne rien savoir — qu'emplir, sans souci du devoir,
Une charte de mots ou d'écus un comptoir ;
Ne jamais regarder les voûtes étoilées ;
Rire du dévoûment et des vertus voilées ;
Voilà ta vie, hélas ! et tu n'as, nuit et jour,
Pour espoir et pour but, pour culte et pour amour,
Qu'une immonde monnaie aux carrefours traînée
Et qui te laisse aux mains sa rouille empoisonnée !
Et tu ne comprends pas que ton destin, à toi,
C'est de penser ! c'est d'être un mage et d'être un roi ;
C'est d'être un alchimiste alimentant la flamme
Sous ce sombre alambic que tu nommes ton âme,
Et de faire passer par ce creuset de feu
La nature et le monde, et d'en extraire Dieu !

Quoi ! la brute a sa sphère et l'élément sa règle !
L'onde est au cormoran et la neige est à l'aigle.

Tout a sa région, sa fonction, son but.
L'écume de la mer n'est pas un vain rebut ;
Le flot sait ce qu'il fait ; le vent sait qui le pousse ;
Comme un temple où toujours veille une clarté douce
L'étoile obéissante éclaire le ciel bleu ;
Le lys s'épanouit pour la gloire de Dieu ;
Chaque matin, vibrant comme une sainte lyre,
L'oiseau chante ce nom que l'aube nous fait lire.
Quoi! l'être est plein d'amour, le monde est plein de foi!
Toute chose ici-bas suit gravement sa loi,
Et ne sait obéir, dans sa fierté divine,
L'oiseau qu'à son instinct, l'arbre qu'à sa racine !
Quoi ! l'énorme océan qui monte vers son bord,
Quoi ! l'hirondelle au sud et l'aimant vers le nord,
La graine ailée allant au loin choisir sa place,
Le nuage entassé sur les îles de glace,
Qui, des cieux tout-à-coup traversant la hauteur,
Croule au souffle d'avril du pôle à l'équateur,
Le glacier qui descend du haut des cimes blanches,
La sève qui s'épand dans les fibres des branches,

Tous les objets créés, vers un but sérieux,
Les rayons dans les airs, les globes dans les cieux,
Les fleuves à travers les rochers et les herbes,
Vont sans se détourner de leurs chemins superbes !
L'homme a seul dévié ! — Quoi ! tout dans l'univers,
Tous les êtres, les monts, les forêts, les prés verts,
Le jour dorant le ciel, l'eau lavant les ravines,
Ont encor, comme au jour où de ses mains divines
Jéhova sur Adam imprima sa grandeur,
Toute leur innocence et toute leur candeur !
L'homme seul est tombé ! — Fait dans l'auguste empire
Pour être le meilleur, il en devient le pire.
Lui qui devait fleurir comme l'arbre choisi,
Il n'est plus qu'un tronc vil au branchage noirci,
Que l'âge déracine et que le vice effeuille,
Dont les rameaux n'ont pas de fruit que Dieu recueille,
Où jamais sans péril nous ne nous appuyons,
Où la société greffe les passions !
Chute immense ! il ignore et nie, ô Providence !
Tandis qu'autour de lui la création pense !

O honte! en proie aux sens dont le joug l'asservit,
L'homme végète auprès de la chose qui vit! —

II

Comme je m'écriais ainsi, vous m'entendîtes;
Et vous, dont l'âme brille en tout ce que vous dites,
Vous tournâtes alors vers moi paisiblement
Votre sourire triste, ineffable et calmant :

— L'humanité se lève; elle chancelle encore,
Et, le front baigné d'ombre, elle va vers l'aurore.

Tout homme sur la terre a deux faces, le bien
Et le mal. Blâmer tout c'est ne comprendre rien.
Les âmes des humains d'or et de plomb sont faites.
L'esprit du sage est grave, et sur toutes les têtes
Ne jette pas sa foudre au hasard en éclats.
Pour le siècle où l'on vit, — comme on y souffre, hélas ! —
On est toujours injuste, et tout y paraît crime.
Notre époque insultée a son côté sublime.
Vous l'avez dit vous-même, ô poète irrité ! —

Dans votre chambre, asile illustre et respecté,
C'est ainsi que, sereine et simple, vous parlâtes.
Votre front, au reflet des damas écarlates,
Rayonnait, et pour moi, dans cet instant profond,
Votre regard levé fit un ciel du plafond.

L'accent de la raison, auguste et pacifique,
L'équité, la pitié, la bonté séraphique,

L'oubli des torts d'autrui, cet oubli vertueux
Qui rend à leur insu les fronts majestueux,
Donnaient à vos discours, pleins de clartés si belles,
La tranquille grandeur des choses naturelles,
Et par moments semblaient mêler à votre voix
Ce chant doux et voilé qu'on entend dans les bois.

III

Pourquoi devant mes yeux revenez-vous sans cesse,
O jours de mon enfance et de mon allégresse?
Qui donc toujours vous rouvre en nos cœurs presque éteints,
O lumineuse fleur des souvenirs lointains?

Oh! que j'étais heureux! oh! que j'étais candide!
En classe, un banc de chêne, usé, lustré, splendide,

Une table, un pupitre, un lourd encrier noir,
Une lampe, humble sœur de l'étoile du soir,
M'accueillaient gravement et doucement. Mon maître,
Comme je vous l'ai dit souvent, était un prêtre
A l'accent calme et bon, au regard réchauffant,
Naïf comme un savant, malin comme un enfant,
Qui m'embrassait, disant, car un éloge excite :
—Quoiqu'il n'ait que neuf ans, il explique Tacite.—
Puis, près d'Eugène, esprit qu'hélas! Dieu submergea,
Je travaillais dans l'ombre, — et je songeais déjà.
Tandis que j'écrivais,—sans peur, mais sans système,
Versant le barbarisme à grands flots sur le thême,
Inventant aux auteurs des sens inattendus,
Le dos courbé, le front touchant presque au Gradus,—
Je croyais, car toujours l'esprit de l'enfant veille,
Ouïr confusément, tout près de mon oreille,
Les mots grecs et latins, bavards et familiers,
Barbouillés d'encre, et gais comme des écoliers,
Chuchoter, comme font les oiseaux dans une aire,
Entre les noirs feuillets du lourd dictionnaire.

Bruits plus doux que le bruit d'un essaim qui s'enfuit,
Souffles plus étouffés qu'un soupir de la nuit,
Qui faisaient, par instants, sous les fermoirs de cuivre,
Frissonner vaguement les pages du vieux livre !

Le devoir fait, légers comme de jeunes daims,
Nous fuyions à travers les immenses jardins,
Éclatant à la fois en cent propos contraires.
Moi, d'un pas inégal je suivais mes grands frères ;
Et les astres sereins s'allumaient dans les cieux,
Et les mouches volaient dans l'air silencieux,
Et le doux rossignol, chantant dans l'ombre obscure,
Enseignait la musique à toute la nature,
Tandis qu'enfant jaseur, aux gestes étourdis,
Jetant partout mes yeux ingénus et hardis
D'où jaillissait la joie en vives étincelles,
Je portais sous mon bras, noués par trois ficelles,
Horace et les festins, Virgile et les forêts,
Tout l'Olympe, Thésée, Hercule, et toi, Cérès,

La cruelle Junon, Lerne et l'hydre enflammée,
Et le vaste lion de la roche Némée.

Mais lorsque j'arrivais chez ma mère, souvent,
Grâce au hasard taquin qui joue avec l'enfant,
J'avais de grands chagrins et de grandes colères.
Je ne retrouvais plus, près des ifs séculaires,
Le beau petit jardin par moi-même arrangé.
Un gros chien en passant avait tout ravagé.
Ou quelqu'un dans ma chambre avait ouvert mes cages,
Et mes oiseaux étaient partis pour les bocages,
Et, joyeux, s'en étaient allés de fleur en fleur
Chercher la liberté bien loin, — ou l'oiseleur.
Ciel! alors j'accourais, rouge, éperdu, rapide,
Maudissant le grand chien, le jardinier stupide,
Et l'infâme oiseleur et son hideux lacet,
Furieux! — D'un regard ma mère m'apaisait.

IV

Aujourd'hui, ce n'est plus pour une cage vide,
Pour des oiseaux jetés à l'oiseleur avide,
Pour un dogue aboyant lâché parmi des fleurs,
Que mon courroux s'émeut. Non, les petits malheurs
Exaspèrent l'enfant ; mais, comme en une église,
Dans les grandes douleurs l'homme se tranquillise.
Après l'ardent chagrin, au jour brûlant pareil,
Le repos vient au cœur comme aux yeux le sommeil.
De nos maux, chiffres noirs, la sagesse est la somme.
En l'éprouvant toujours, Dieu semble dire à l'homme :
— Fais passer ton esprit à travers le malheur ;
Comme le grain du crible, il sortira meilleur. —

J'ai vécu, j'ai souffert, je juge et je m'apaise.
Ou si parfois encor la colère mauvaise
Fait pencher dans mon âme avec son doigt vainqueur
La balance où je pèse et le monde et mon cœur ;
Si, n'ouvrant qu'un seul œil, je condamne et je blâme,
Avec quelques mots purs, vous, sainte et noble femme,
Vous ramenez ma voix qui s'irrite et s'aigrit
Au calme sur lequel j'ai posé mon esprit ;
Je sens sous vos rayons mes tempêtes se taire ;
Et vous faites pour l'homme incliné, triste, austère,
Ce que faisait jadis pour l'enfant doux et beau
Ma mère, ce grand cœur qui dort dans le tombeau !

V

Écoutez à présent. — Dans ma raison qui tremble,
Parfois l'une après l'autre et quelquefois ensemble,
Trois voix, trois grandes voix murmurent.

L'une dit:
— « Courrouce-toi, poëte. Oui, l'enfer applaudit
Tout ce que cette époque ébauche, crée ou tente.
Reste indigné! ce siècle est une impure tente
Où l'homme appelle à lui, voyant le soir venu,
La volupté, la chair, le vice infâme et nu.

La vérité, qui fit jadis resplendir Rome,
Est toujours dans le ciel; l'amour n'est plus dans l'homme.
Tout rayon jaillissant trouve tout œil fermé.
Oh! ne repousse pas la muse au bras armé
Qui visitait jadis comme une austère amie
Ces deux sombres géants, Amos et Jérémie!
Les hommes sont ingrats, méchants, menteurs, jaloux.
Le crime est dans plusieurs, la vanité dans tous;
Car, selon le rameau dont ils ont bu la sève,
Ils tiennent, quelques-uns de Caïn, et tous d'Ève.

» Seigneur! ta croix chancelle et le respect s'en va.
La prière décroît. Jéhova! Jéhova!
On va parlant tout haut de toi-même en ton temple.
Le livre était la loi, le prêtre était l'exemple;
Livre et prêtre sont morts. Et la foi maintenant,
Cette braise allumée à ton foyer tonnant,
Qui, marquant pour ton Christ ceux qu'il préfère aux autres,
Jadis purifiait la lèvre des apôtres,

N'est qu'un charbon éteint dont les petits enfants
Souillent ton mur avec des rires triomphants ! » —

L'autre voix dit : — « Pardonne ! aime ! Dieu qu'on révère,
Dieu pour l'homme indulgent ne sera point sévère.
Respecte la fourmi non moins que le lion.
Rêveur ! rien n'est petit dans la création.
De l'Être universel l'atôme se compose ;
Dieu vit un peu dans tout et rien n'est peu de chose.
Cultive en toi l'amour, la pitié, les regrets.
Si le sort te contraint d'examiner de près
L'homme souvent frivole, aveugle et téméraire,
Tempère l'œil du juge avec les pleurs du frère.
Et que tout ici-bas, l'air, la fleur, le gazon ;
Le groupe heureux qui joue au seuil de ta maison ;

Un mendiant assis à côté d'une gerbe ;
Un oiseau qui regarde une mouche dans l'herbe ;
Les vieux livres du quai, feuilletés par le vent,
D'où l'esprit des anciens, subtil, libre et vivant,
S'envole, et, souffle errant, se mêle à tes pensées ;
La contemplation de ces femmes froissées
Qui vivent dans les pleurs comme l'algue dans l'eau ;
L'homme, ce spectateur ; le monde, ce tableau ;
Que cet ensemble auguste où l'insensé se blase
Tourne de plus en plus ta vie et ton extase
Vers l'œil mystérieux qui nous regarde tous !
Invisible veilleur ! témoin intime et doux !
Principe ! but ! milieu ! clarté ! chaleur ! dictame !
Secret de toute chose entrevu par toute âme !

» N'allume aucun enfer au tison d'aucun feu.
N'aggrave aucun fardeau. Démontre l'âme et Dieu,
L'impérissable esprit, la tombe irrévocable ;
Et rends douce à nos fronts, que souvent elle accable,

La grande main qui grave en signes immortels
Jamais! sur les tombeaux; toujours! sur les autels. »

La troisième voix dit : — « Aimer ? haïr ? qu'importe !
Qu'on chante ou qu'on maudisse, et qu'on entre ou qu'on sorte,
Le mal, le bien, la mort, les vices, les faux-dieux,
Qu'est-ce que tout cela fait au ciel radieux ?
La végétation, vivante, aveugle et sombre,
En couvre-t-elle moins de feuillages sans nombre,
D'arbres et de lichens, d'herbe et de goémons,
Les prés, les champs, les eaux, les rochers et les monts?
L'onde est-elle moins bleue et le bois moins sonore ?
L'air promène-t-il moins, dans l'ombre et dans l'aurore,
Sur les clairs horizons, sur les flots décevants,
Ces nuages heureux qui vont aux quatre vents ?
Le soleil qui sourit aux fleurs dans les campagnes,
Aux rois dans les palais, aux forçats dans les bagnes,

Perd-il, dans la splendeur dont il est revêtu,
Un rayon quand la terre oublie une vertu ?
Non, Pan n'a pas besoin qu'on le prie et qu'on l'aime.
O sagesse ! esprit pur ! sérénité suprême !
Zeus ! Irmensul ! Wishnou ! Jupiter ! Jéhova !
Dieu que cherchait Socrate et que Jésus trouva !
Unique Dieu ! vrai Dieu ! seul mystère ! seule âme !
Toi qui, laissant tomber ce que la mort réclame,
Fis les cieux infinis pour les temps éternels !
Toi, qui mis dans l'éther plein de bruits solennels,
Tente dont ton haleine émeut les sombres toiles,
Des millions d'oiseaux, des millions d'étoiles !
Que te font, ô Très-Haut ! les hommes insensés,
Vers la nuit au hasard l'un par l'autre poussés,
Fantômes dont jamais tes yeux ne se souviennent,
Devant ta face immense ombres qui vont et viennent ! »

VI

Dans ma retraite obscure où, sous un rideau vert,
Luit comme un œil ami maint vieux livre entr'ouvert,
Où ma Bible sourit dans l'ombre à mon Virgile,
J'écoute ces trois voix. Si mon cerveau fragile
S'étonne, je persiste ; et, sans peur, sans effroi,
Je les laisse accomplir ce qu'elles font en moi.
Car les hommes, troublés de ces métamorphoses,
Composent leur sagesse avec trop peu de choses.
Tous ont la déraison de voir la Vérité
Chacun de sa fenêtre et rien que d'un côté,

Sans qu'aucun d'eux, tenté par ce rocher sublime,
Aille en faire le tour et monter sur sa cime.

Et de ce triple aspect des choses d'ici-bas,
De ce triple conseil que l'homme n'entend pas,
Pour mon cœur où Dieu vit, où la haine s'émousse,
Sort une bienveillance universelle et douce
Qui dore comme une aube et d'avance attendrit
Le vers qu'à moitié fait j'emporte en mon esprit
Pour l'achever aux champs avec l'odeur des plaines
Et l'ombre du nuage et le bruit des fontaines !

Avril 1840.

TABLE.

TABLE.

PRÉFACE.	I
I. FONCTION DU POÈTE.	1
II. LE SEPT AOUT MIL HUIT CENT VINGT-NEUF.	27
III. AU ROI LOUIS-PHILIPPE APRÈS UN ARRÊT DE MORT	43
IV. REGARD JETÉ DANS UNE MANSARDE.	47
V. On croyait dans ces temps.	67
VI. SUR UN HOMME POPULAIRE.	75
VII. LE MONDE ET LE SIÈCLE.	77
VIII. A M. LE D. DE ***.	85
IX. A MADEMOISELLE FANNY DE P.	93
X. Comme dans les étangs.	99
XI. FIAT VOLUNTAS.	105

XII.	A LAURE, DUCH. D'A.	111
XIII.	Puits de l'Inde, tombeaux.	117
XIV.	DANS LE CIMETIÈRE DE ***.	125
XV.	Mères, l'enfant qui joue.	131
XVI.	Matelots! matelots!	135
XVII.	SPECTACLE RASSURANT.	141
XVIII.	ÉCRIT SUR LA VITRE D'UNE FENÊTRE FLAMANDE.	147
XIX.	CE QUI SE PASSAIT AUX FEUILLANTINES VERS 1813.	151
XX.	AU STATUAIRE DAVID	169
XXI.	A UN POÈTE.	187
XXII.	GUITARE.	195
XXIII.	AUTRE GUITARE.	203
XXIV.	Quand tu me parles de gloire.	207
XXV.	EN PASSANT DANS LA PLACE LOUIS XV UN JOUR DE FÊTE PUBLIQUE.	215
XXVI.	MILLE CHEMINS, UN SEUL BUT.	221
XXVII.	Oh! quand je dors, viens auprès de ma couche.	235
XXVIII.	A UNE JEUNE FEMME.	239
XXIX.	A LOUIS B.	245
XXX.	A cette terre où l'on ploie	249
XXXI.	RENCONTRE.	257
XXXII.	Quand vous vous assemblez.	263
XXXIII.	L'OMBRE.	267
XXXIV.	TRISTESSE D'OLYMPIO.	275

TABLE. 389

XXXV.	QUE LA MUSIQUE DATE DU SEIZIÈME SIÈCLE.	289
XXXVI.	LA STATUE.	307
XXXVII.	J'eus toujours de l'amour.	319
XXXVIII.	ÉCRIT SUR LE TOMBEAU D'UN PETIT ENFANT AU BORD DE LA MER.	322
XXXIX.	A L.	327
XL.	CŒRULEUM MARE.	331
XLI.	Dieu qui sourit et qui donne.	347
XLII.	OCEANO NOX.	351
XLIII.	NUITS DE JUIN.	357
XLIV.	SAGESSE. — A MADEMOISELLE LOUISE B	363

FIN.

1956

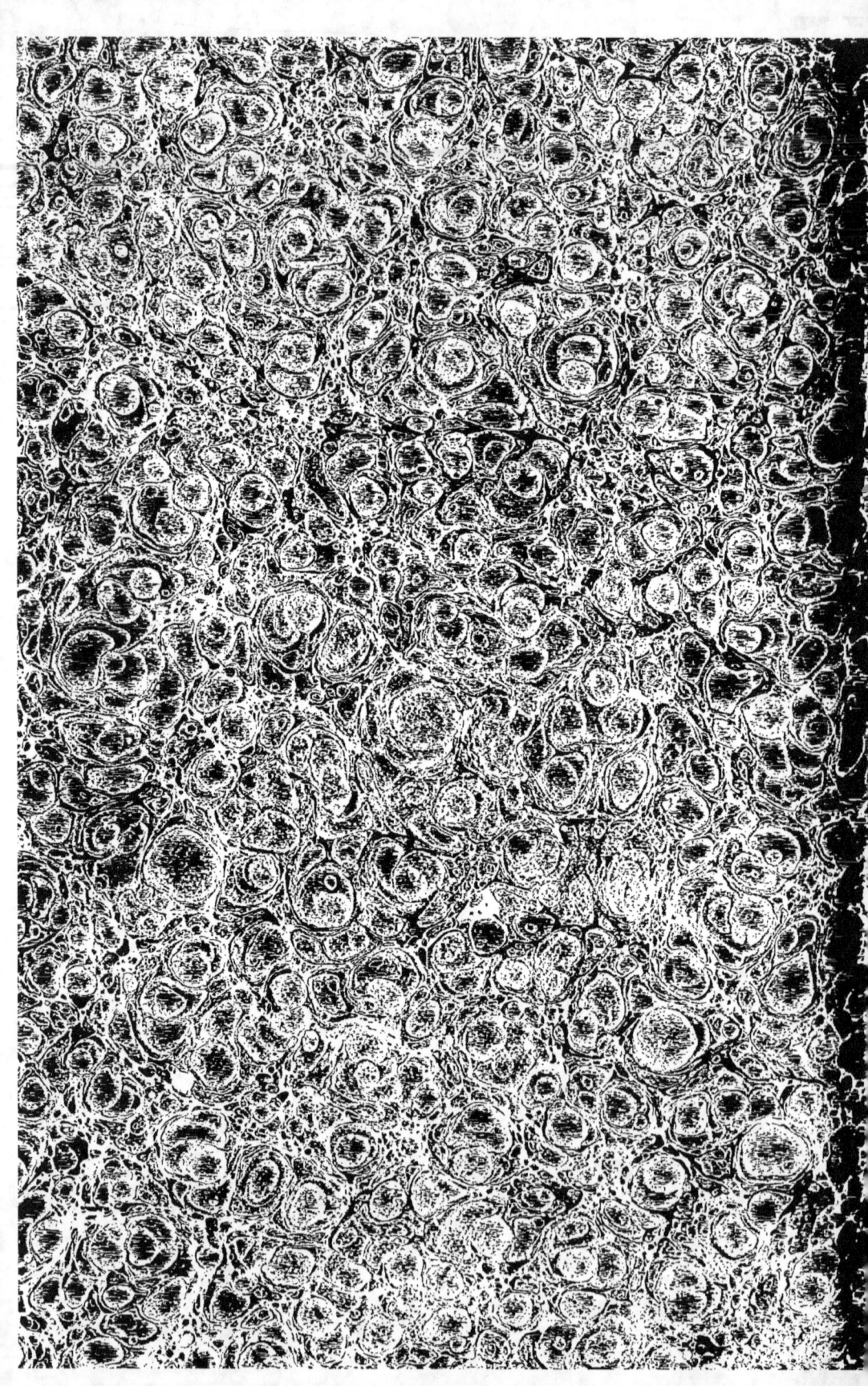

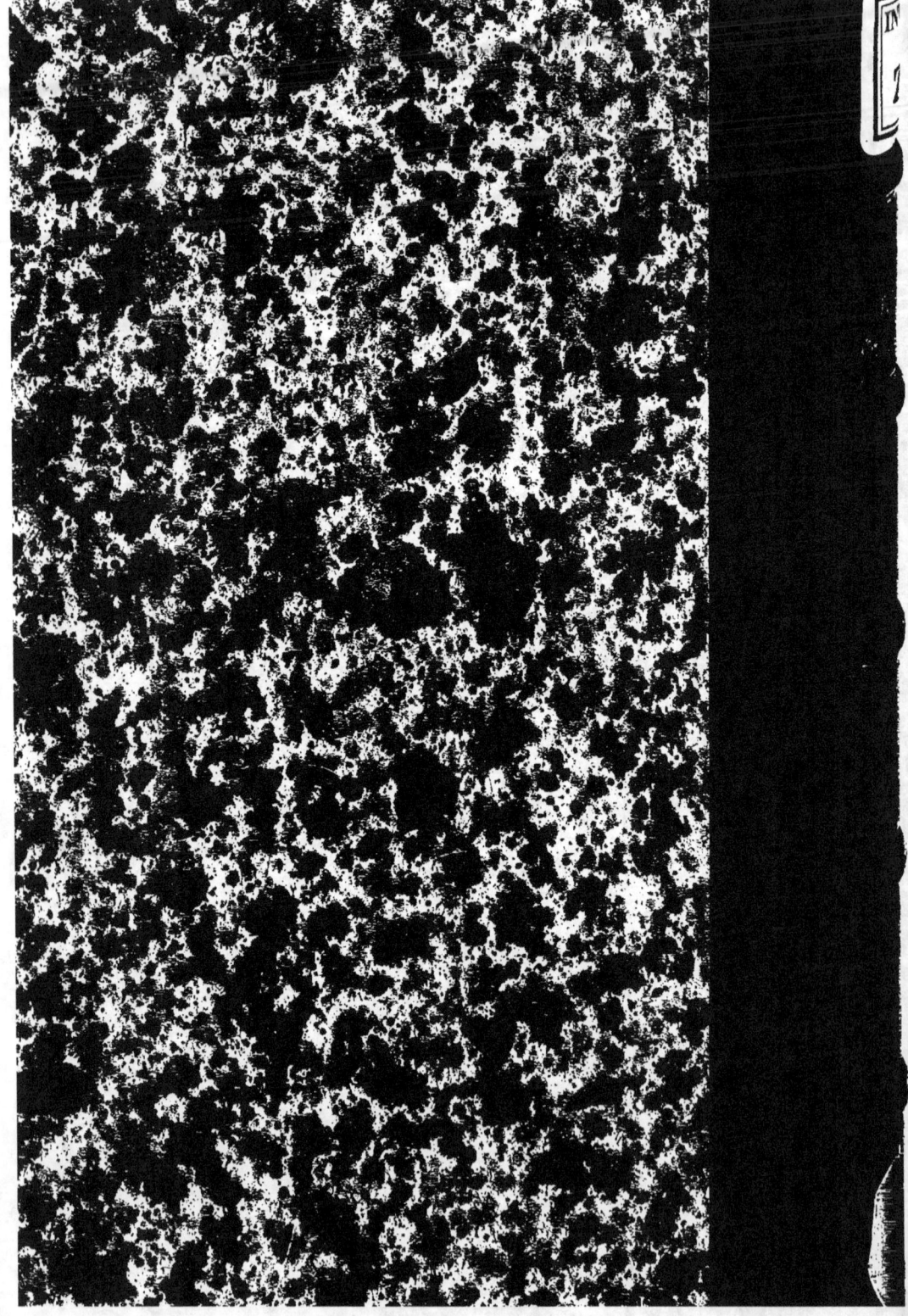

www.ingramcontent.com/pod-product-compliance
Lightning Source LLC
Chambersburg PA
CBHW051832230426
43671CB00008B/929